Jean-Luc Caradeau

Le Grand Livre de la magie du plomb

Éditions TrajectoirE

Correction et relecture : Stéphanie Girardot
Conception et réalisation graphique : François Le Moël

ISBN : 978-2-84197-859-5
Dépôt légal : juin 2022

Éditions Trajectoire
Une marque du groupe éditorial Piktos.
355, rue de la Montagne-Noire – 31750 Escalquens
contact@piktos.fr
www.editions-trajectoire.fr

@editionstrajectoire
Éditions Trajectoire

Avertissement

La réédition en 2022 du *Grand Livre de la magie du plomb* impose évidemment une note à propos de la toxicité de ce métal.

Faisons donc dans le sérieux et reproduisons l'avertissement donné sur la page Web du gouvernement[1] intitulée « Effets du plomb sur la santé » :

« L'ingestion ou l'inhalation (vapeurs ou poussières fines) de plomb est toxique. Elle provoque des troubles réversibles (anémie, troubles digestifs) ou irréversibles (atteinte du système nerveux, encéphalopathie et neuropathie). L'intoxication par le plomb est appelée saturnisme, une maladie qui doit faire l'objet d'une déclaration aux autorités sanitaires. »

Cette page Web contient également une longue description des diverses maladies, toutes très graves, provoquées par l'absorption de poussières ou de vapeurs de plomb. Nous renvoyons donc le lecteur à cette page pour une connaissance plus approfondie.

Sur cette page, la toxicité est évaluée en microgrammes (µg) de plomb par litre de sang et les symptômes les moins sévères exposés sur la page correspondent à 100 µg par litre de sang.

Voici les symptômes décrits pour cette imprégnation :

- Troubles cognitifs, chez l'enfant.
- Diminution de l'acuité auditive, chez l'enfant (preuves limitées chez l'adulte).
- Élévation de la pression artérielle et du risque d'HTA (hypertension artérielle) chez l'adulte.
- Diminution du débit de filtration glomérulaire chez l'adulte et l'adolescent.
- Augmentation du risque de maladie rénale chronique chez l'adulte.
- Augmentation du risque de petit poids de naissance, en cas d'exposition *in utero*.
- Inhibition du développement staturo-pondéral chez l'enfant.
- Retard de la maturation sexuelle chez l'enfant.
- Augmentation du risque de retard pubertaire.
- Inhibition de l'ALAD (acide delta-aminolévulinique déshydratase).

1. https://solidarites-sante.gouv.fr/sante-et-environnement/batiments/article/effets-du-plomb-sur-la-sante

Reste à savoir quels sont les risques réels encourus par ceux qui manipulent, façonnent et fondent occasionnellement du plomb. Nous nous référerons ici à un autre document publié sur le site de la Santé publique[2]. Nous y relevons cette citation : « Les observations issues du système de surveillance du saturnisme infantile en 2015 montraient l'exposition au plomb des 14-18 ans durant leur formation professionnelle. Par ce système, il a été montré que les jeunes dont les plombémies étaient supérieures ou égales à 50 µg /L étaient essentiellement des vitraillistes, des plombiers et des couvreurs. »

Le site www.preventionbtp.fr conseille le port de masques et de gants de protection, sachant que seules les particules d'un diamètre inférieur à 1 µm peuvent se fixer dans l'organisme quand elles sont absorbées par la voie respiratoire.

On diminuera donc largement les risques de contamination en portant des gants de travail et des masques à la norme FFP2 ou FFP3. Par ailleurs, pour les découpages et les gravures, il faut éviter l'usage d'outils rotatifs ou vibrants (qui sont particulièrement générateurs de poussières fines). On leur préférera donc le ciseau à froid et la pointe à tracer, qui d'ailleurs sont bien plus efficaces pour le travail du plomb.

Par ailleurs, pour les travaux de fonte, même s'ils sont occasionnels, il est important de disposer d'outils et de protections professionnelles afin de limiter au maximum les risques de brûlure grave.

On ne trouve plus de plomb en feuille dans les quincailleries. Cependant, la plupart des objets, en particulier les grands pentacles de protection, peuvent être moulés. Il suffit pour cela de réaliser un moule en plâtre et d'y couler le pentacle… Le moule ne doit plus contenir de traces d'humidité (ce qui impose au moins 30 jours de séchage dans un endroit sec chauffé à 20 °C). Nous donnons cette précision parce que l'on trouve toujours du « plomb à fondre ».

2. « Imprégnation de la population française par le plomb. Programme national de biosurveillance, Esteban 2014-2016 », publié le 31 mars 2020. https://www.santepubliquefrance.fr/docs/impregnation-de-la-population-francaise-par-le-plomb.-programme-national-de-biosurveillance-esteban-2014-2016

Avant-propos

Le plomb est un métal mort. C'est ainsi, nous le pensons, que les anciens alchimistes auraient introduit une préface à ce livre si l'auteur la leur avait demandée.

Le plomb est un métal mort, c'est de l'or dégradé, putréfié. Telle est la nature occulte du plomb, métal de Saturne, et c'est de cette nature de « cadavre » que résultent toutes les propriétés physiques, chimiques et occultes du plomb.

Propriétés physiques, chimiques et occultes du plomb :

- Métal corrupteur qui, par son seul contact, peut accélérer le vieillissement sur tous les plans.
- Métal maléfique, poison lent.
- Métal de sagesse et d'humilité.
- Métal protecteur tant sur le plan physique que sur le plan occulte[3].

Telles sont les propriétés du plomb que les Anciens ont à la fois dissimulées et révélées à travers les mythes et les légendes contant l'histoire du dieu Saturne (le Cronos des Grecs). C'est à ces mythes que se réfèrent toutes les opérations alchimiques, magiques, spagyriques concernant le plomb. Ainsi, pour vous initier à la magie du plomb, c'est-à-dire vous transmettre potentiellement la connaissance qui vous permettra de l'utiliser, je vais vous conter l'histoire du dieu Cronos.

Au commencement était l'informe et le vide, le chaos. De cette turbulence unique émergea la Terre, Gaïa – qui n'est évidemment pas la planète Terre, mais le principe de toute matière. Gaïa, qui était seule, engendra en elle-même Ouranos (le ciel) l'étincelle fécondante, le principe mâle primitif.

Ouranos, en s'unissant sexuellement à Gaïa, donna naissance aux Titans, la première race de divinités, qui régnèrent sur l'univers au commencement des temps. Qu'étaient donc les Titans ? Les forces brutes de la nature. On comptait parmi eux Océan (la force des eaux marines), Hélios (le soleil physique) et

3. Cette dernière propriété découle indirectement des autres ainsi que de ses propriétés physico-chimiques. C'est en effet lorsqu'il se dégrade, au contact de l'eau par exemple, que le plomb devient toxique. Il est donc à la fois un bouclier pour celui qui le porte et un poison pour l'ennemi, comme l'illustre la légende du héros grec Bellérophon qui vainquit la Chimère (une sorte de dragon cracheur de feu) en lui enfonçant dans la gorge un morceau de plomb qu'il avait fixé au bout de sa lance. Le plomb fondit dans le feu de la gueule, s'écoula dans les entrailles et les brûla.

Cronos, notre Saturne, l'ancêtre de tous les métaux et de toutes les planètes ; le principe de la « minéralité ».

Ouranos n'aimait pas ses enfants et, au fur et à mesure de leur naissance, les renfonçait dans le sein de Gaia. À l'un d'eux, Cronos, Gaïa, peu satisfaite de ce procédé, confia une faucille (ou une faux, suivant les versions).

Avec la faucille que lui a donnée sa mère, Cronos châtre Ouranos, lui retirant ainsi non seulement sa puissance sexuelle, mais aussi sa puissance royale – notez que l'impuissance sexuelle masculine est l'un des symptômes de l'intoxication par le plomb. Cronos (Saturne), ayant ainsi éliminé le pouvoir en place, devient le « roi des Titans », qui, libérés du sein de Gaïa, se répandent dans l'univers. Il épouse sa sœur Rhéa (une Titanide, un Titan femelle). Rhéa, c'est une seconde déesse de la Terre : si l'on considère que Gaïa représente la « terre minérale » ou la terre en tant que « principe planétaire », Rhéa représente, elle, la terre comme principe organique, susceptible de donner naissance aux plantes. En s'unissant à Rhéa, Cronos va engendrer les dieux de l'Olympe. Comme sa mère Gaïa le lui a prédit en lui confiant la faucille, l'un d'eux le détrônera. Cronos dévore ses enfants (les dieux de l'Olympe) au fur et à mesure de leur naissance ; ce qui, évidemment, contrarie beaucoup Rhéa. Celle-ci substituera à Jupiter (Zeus pour les Grecs) une pierre que Cronos dévorera sans même s'apercevoir de la substitution. Cette image du plomb dévorant ses enfants reflète le processus de vieillissement des métaux tel que le concevaient les alchimistes. En vieillissant, tous les métaux deviennent plomb.

Par ailleurs, Cronos, contrairement à son père Ouranos, aurait été un roi bienfaisant, le roi de l'âge d'or – aussi, quand Zeus l'eut détrôné, partit-il régner sur les « îles des Bienheureux » à l'ouest de l'Océan. Les îles des Bienheureux étaient, pour les Grecs, l'équivalent de ce qu'est Agartha pour les Tibétains : le plomb est un « métal de sagesse ». Une autre version de la légende veut qu'il ait été jeté dans le Tartare (l'enfer grec[4]).

Certains ont relié Cronos à Chronos (le temps), ce qui paraît faux à de nombreux auteurs, mais qui correspond bien au symbolisme du plomb.

En effet, le plomb qui, exposé à l'air, se recouvre d'une mince couche d'oxyde extrêmement résistante, est l'un des métaux les plus durables, c'est pourquoi on l'a souvent utilisé pour faire le toit des églises. De fait, si Cronos règne sur les îles

4. Notez que les deux histoires ne sont pas incompatibles, même si les divinités grecques sont très « anthropomorphes ». Si les mythes leur ont attribué des sentiments et des réactions très humaines, il s'agit tout de même de divinités qui n'ont rien d'humain et peuvent se présenter sous plusieurs aspects. L'aspect de Cronos « enfermé dans le Tartare » ne nous intéresse ici que pour un procédé de magie « gréco-latin » appelé lettre de *defixio*, lequel utilise pour son action les forces souterraines (forces chtoniennes).

des Bienheureux (où vivent des sages immortels), il est la divinité de l'éternité, ou plutôt de la longévité indéfiniment prolongée, autrement dit celle qui domine le temps. On le représente donc comme un vieillard muni d'une faux et d'un sablier qui symbolise l'écoulement du temps.

L'autre aspect de Cronos, celui qui veut qu'il ait été jeté dans le Tartare, en fait la divinité de la vieillesse et de ses maux, de la pauvreté, de la sécheresse de cœur. C'est le Saturne classique des astrologues, le « grand maléfique » au physique disgracié qui apporte pauvreté, problèmes de dents et d'os.

Ces considérations symboliques ne vous semblent peut-être pas très utiles à la pratique de la magie du plomb. Néanmoins, sachez que le fait de les avoir lues vous aidera considérablement à obtenir dans vos opérations les résultats que vous espérez. Ils constituent une préparation spirituelle à la pratique de la magie du plomb.

Introduction

Après cet aperçu de la symbolique du plomb, voici quelques règles importantes dont le respect vous aidera à réussir au mieux vos opérations.

Nos lecteurs doivent d'abord savoir que si beaucoup de procédés décrits dans ce livre semblent exiger que l'on dispose d'un autel, voire d'un *occultum* complètement installé, c'est parce que toute personne pratiquant la magie doit en principe pouvoir disposer de cette commodité. Malheureusement, les conditions de vie moderne et le « rétrécissement permanent » des appartements dans le milieu urbain empêchent à de nombreuses personnes d'installer même un petit autel. Si vous êtes dans ce cas, sachez que l'autel n'est qu'une commodité. Il facilite la concentration de l'opérateur, il lui permet de se mettre plus rapidement en harmonie avec les forces de l'univers. Si vous ne disposez pas d'un autel, l'action magique vous demandera seulement un effort de concentration plus important.

Nous vous conseillons, si vous ne disposez pas d'autel, de méditer longuement sur le sens et le but du travail magique que vous allez entreprendre, de choisir soigneusement le moment de votre opération. Ce choix n'étant pas astrologique (sauf pour le sceau de Saturne), il s'agit d'opérer à un moment où vous aurez « l'esprit tranquille », où vous serez sûr de ne pas être dérangé. Commencez donc à vous préparer à une opération quelques jours avant.

En d'autres temps, on vous aurait conseillé de jeûner, de prier, de vous abstenir de lectures futiles. Les temps ont changé, les modes de vie également, l'important, aujourd'hui, c'est de vous libérer momentanément du stress.

Pendant les quelques jours qui précèdent une opération, vous devez essayer de vous libérer temporairement des contraintes. Évitez d'avaler n'importe quoi à toute vitesse en guise de déjeuner ou de dîner. Prenez le temps de faire une courte promenade, de flâner dans la nature ou, à défaut, dans les rues les plus agréables de votre ville, accordez-vous en un mot quelques jours de « vacances mentales ». Vous devez, pour opérer, retrouver le calme, vous détacher des soucis quotidiens. Dans cette phase préparatoire, tout ce qui vous éloigne de vos préoccupations habituelles est une bonne chose.

Ces instructions peuvent vous paraître bien peu spirituelles, mais nous pouvons vous assurer de leur efficacité. Nos ancêtres travaillaient officiellement plus que nous, mais pas sur le même rythme, ni dans les mêmes conditions de compétition.

Ils ne subissaient pas les mêmes « pressions extérieures ». Pour opérer, ils devaient se détacher de leurs « pulsions internes » – gourmandise, lubricité, penchants immodérés pour les plaisirs de toutes sortes. Vous, vous devez surtout stopper momentanément cette course qui ne vous laisse même pas le temps de vivre.

C'est à cela et à cela d'abord que sert le décor de l'autel, le rituel, les vêtements spéciaux : à cesser d'être Monsieur/Madame X ou Y qui effectue telle ou telle tâche, qui a telle ou telle responsabilité, pour redevenir, pour le temps du rituel, l'homme ou la femme éternel(le), un être en harmonie avec l'univers, tel que l'a créé Dieu.

Bien sûr, ce n'est pas là la seule utilité de l'autel et des rites qui s'y pratiquent, mais si vous retrouvez cette harmonie, le reste est vraiment accessoire. Le reste, ce que représente symboliquement l'autel, l'offrande du parfum, se fera spontanément dans votre tête. Sachez-le, que l'on offre du parfum, des louanges, ou tout autre don à Dieu ou à une divinité, toutes ces offrandes matérielles ne sont en fait que l'image de l'état de conscience (l'état spirituel) de celui qui les accomplit. En réalité, ce que l'on offre, c'est l'état de conscience.

C'est seulement une fois cet état de conscience atteint que les mots et les gestes deviennent importants...

C'est seulement une fois que vous avez atteint cet état (qui est l'état de pureté au sens occulte du terme) que vous pouvez réellement prier – faire une prière qui ne soit ni un cri d'angoisse, ni un appel au secours, ni un exercice destiné à avoir une bonne opinion de soi-même[5].

C'est seulement dans cet état qu'avec ou sans autel, avec ou sans parfums, vous pouvez opérer en magie.

---

5. Nous avons conscience que ce que nous écrivons ici est difficile à comprendre, aussi allons-nous essayer de l'illustrer par une série de réflexions qui pourraient être la photographie spirituelle d'un individu quelconque s'il osait analyser son fonctionnement spirituel. « Je crois, parce que l'on m'a enseigné qu'il faut croire. Je prie, parce que l'on m'a enseigné que le croyant doit prier. Je suis croyant, parce que je prie, et je prie parce que je suis croyant. Si je cessais de croire, je me sentirais coupable de ne pas croire, en priant j'affirme (à moi-même que je crois), ce qui me permet de continuer à croire... » Où est le monde, où est Dieu dans tout cela ? Il n'y est question que de « je » ! C'est à ce cycle qu'il faut échapper pour pratiquer une magie efficace. Vous n'avez pas à prier pour être ou rester un « être spirituel », parce que c'est ainsi que vous avez été créé, que c'est votre nature profonde, et que c'est de même la nature profonde du monde. Vous n'avez pas à « croire », puisque vous savez de toute façon que : **1.** le monde a été créé (sans cela il n'existerait pas) ; **2.** vous êtes vous-même, tout comme le monde, une créature.
Puisque vous savez cela, vous savez que l'idée de prier a été implantée dans l'homme par le Créateur, et que, par conséquent, la prière est à la fois une loi de l'univers et un moyen de s'adresser à la puissance du Créateur. À partir de là, vous pouvez cesser de « croire en Dieu » pour « avoir conscience de Dieu », ce qui vous donnera une « vraie conscience spirituelle », laquelle, même si elle porte le « vêtement culturel » d'une forme religieuse quelconque (christianisme, islam, bouddhisme...), est bien au-delà de toute forme.

Par ailleurs, dans cet ouvrage essentiellement pratique, vous trouverez des instructions précises pour la construction des pentacles. Sachez qu'il est important de les suivre. En étant en rapport avec la mesure de l'homme, le pentacle est fait « à sa ressemblance », comme l'homme est à la ressemblance de Dieu, et c'est bien là l'une des clés qui permet de fabriquer un pentacle.

Ce mot vient de l'ancien français *pantacule*[6] dont le sens étymologique est « petit univers », ce qui en fait un synonyme de « microcosme ». La logique qui préside à la fabrication d'un pentacle est donc la suivante : Dieu (le Grand Architecte) crée le grand univers (macrocosme) et le petit univers (l'homme, appelé microcosme) à son image et à sa ressemblance. L'homme fabrique le *pantacule* qui est une image abstraite de l'univers (macrocosme et microcosme) vue à travers l'une de ses lois qu'il désire mettre en action. Or, la ressemblance entre le macrocosme, le microcosme et le pentacle n'existe qu'à travers la communauté des lois géométriques et arithmétiques qui président à leur construction.

Notez à ce propos qu'il n'est pas absolument essentiel que vos constructions soient précises. La seule chose essentielle est que vous suiviez pas à pas le processus de construction.

Un pentacle, même mal dessiné et mal gravé, en utilisant la méthode adéquate de construction, sera toujours plus efficace qu'un pentacle dont on aura décalqué le dessin dans un livre, fût-il par la suite gravé par un orfèvre.

Par ailleurs, pour vous faciliter l'utilisation de cet ouvrage, nous avons rassemblé la plupart des rituels dans une seconde partie intitulée « sacramentaire ». En fait, vous trouverez dans cette seconde partie tous les rites communs à plusieurs opérations.

Faites maintenant connaissance avec la magie du plomb et que cette étude contribue à vous réconcilier avec votre créateur.

Ainsi soit-il.

6. Le dictionnaire veut que l'on écrive « pentacle » sûrement parce que les Anciens ont le plus souvent écrit *pentacule* ; mais ce mot signifie « petit cinq » (avec la racine grecque *pen*) ou « petite figure à cinq côtés ». Ce qui, si on en reste à l'étymologie, est vide de sens (tous les pentacles ne comportent pas des étoiles à cinq branches). Néanmoins, nous écrirons dans ce livre « pentacle », comme le veut le dictionnaire. Pour ceux qui connaissent le symbolisme du nombre cinq, nous devons signaler que cette orthographe (« pentacle ») est un jeu de mots qui renvoie au concept d'universalité et à la racine latine *pan* en y ajoutant une idée de « communication entre les différents niveaux de l'univers ».

Chapitre I

Le plomb et les protections

Le plomb est imperméable aux radiations physiques et occultes, c'est pourquoi on l'utilise pour se protéger des maléfices. Notez que comme tous les métaux (sauf l'or), il est susceptible de provoquer des allergies, que par ailleurs c'est un poison lent qui, absorbé par le corps, provoque à la longue une intoxication connue sous le nom de saturnisme. Une protection en plomb ne se porte donc jamais au contact de la peau.

La ceinture de plomb

Vous fréquentez ou même simplement côtoyez, pour quelque raison que ce soit, des gens qui pourraient, à tort ou à raison, être animés de sentiments hostiles à votre égard. À la longue, ces sentiments négatifs pourraient influer sur votre vie, vous seriez alors victime d'une sorte de « maléfice diffus » que l'on assimile souvent au mauvais œil. Ce maléfice se traduit par un « manque persistant de chance », qu'il ne faudrait pas confondre avec la malchance.

MATÉRIEL NÉCESSAIRE

Pour vous préserver de ces dangers, il existe un moyen simple : il faut vous procurer du « cordon plombé ». Ce cordon se compose d'un fil sur lequel sont enfilés de petits cylindres de plomb. Le tout est gainé de tissu. Il est utilisé pour lester les rideaux afin de donner plus d'élégance à leur drapé. Ce produit est en vente dans toutes les grandes merceries.

Pour vous préserver du « maléfice diffus », portez donc sous vos vêtements un cordon de ce type noué autour de la taille.

Le cordon noué forme une sorte de « cercle magique » individuel qui vous protège des « pensées négatives », ou plus exactement de leur influence occulte. Il ne nécessite aucune consécration.

ATTENTION !

Le cordon n'est pas en « plomb pur ». En réalité, les plombs sont faits d'un alliage contenant une forte proportion de plomb. À la longue, il se sature et perd son efficacité. Il est prudent de le changer tous les six mois. Un cordon de plomb n'est pas éternel. Quand on l'a porté un certain temps, l'enveloppe de tissu noircit ou verdit en certains endroits. Ce phénomène peut survenir rapidement ou n'apparaître qu'au bout de plusieurs mois. Quand il se manifeste, le cordon est usé.

Examinez le vieux cordon

Débarrassez le cordon plombé de son enveloppe de tissu. Examinez attentivement les cylindres de plomb en les pressant entre vos doigts au-dessus d'une feuille de papier blanc. Si l'un des cylindres du cordon laisse tomber sur la feuille de papier blanc quelques grains d'une poudre noire, c'est que probablement vous avez été victime d'un maléfice. Portez des gants en caoutchouc ou de vieux gants de travail que vous jetterez après cette opération.

Que faire du cordon usagé ?

Deux solutions peuvent être envisagées. Si tout vous semble normal, jetez le cordon de plomb dans une rivière ou un fleuve. C'est ce qui se faisait autrefois, parce que l'eau « lave » les miasmes (même si tout semble normal, il y en a forcément). De nos jours, ce procédé occasionnerait des ennuis.

Enroulez le cordon plombé nu sur un bâton ou une pince et passez-le longuement dans la fumée d'un encens consacré avant de le porter en déchèterie. La pollution psychique et spirituelle du cordon sera confiée à l'élément air qui le dissoudra aussi bien que l'eau. Éventuellement contrôlez le résultat au pendule.

Si, au contraire, vous pensez être, malgré la protection du cordon, victime d'un maléfice (voir ci-dessus), faites fondre le cordon et versez le plomb fondu dans de l'eau très froide. Référez-vous au chapitre 4 (« La divination par le plomb »).

Le pentacle de plomb

Ce pentacle est une simple protection. Il est porté par les personnes qui, par exemple, ont déjà été victimes d'un maléfice ou ont de bonnes raisons de penser que l'on va tenter contre elles des manœuvres occultes. Selon les Grecs et les Romains, les protections en plomb étaient particulièrement efficaces lorsque l'on voulait se protéger d'éventuels envoûtements d'amour dont, pensaient-ils, il est plus difficile de se protéger que des envoûtements de haine.

MATIÈRE PREMIÈRE

Pour fabriquer ce pentacle, on utilise de la feuille de plomb de 1,5 mm d'épaisseur. On trouve des rouleaux de feuille de plomb de ce type dans les grandes quincailleries car elles sont utilisées pour assurer l'étanchéité des toits en terrasse. Cette feuille de plomb sera notre principale matière première dans ce livre en raison de l'abandon par les plombiers du tuyau de plomb au profit du tuyau de cuivre ou de PVC. Notez que nous n'indiquons l'épaisseur de 1,5 mm que parce qu'à une certaine époque, c'était la plus courante ; la feuille de plomb que vous utiliserez peut fort bien n'avoir que 1 mm d'épaisseur ou au contraire atteindre 3 mm ou plus. De même, il n'y aurait aucun inconvénient à ce que vous traciez ce pentacle sur une plaque de plomb sur 4 ou 5 mm d'épaisseur. En un mot, l'épaisseur du plomb ne change rien à l'efficacité occulte du pentacle.

OUTILLAGE

Pour travailler le plomb, il vous faut :

- Un compas à pointe sèche.
- Une pointe à tracer (un gros clou ou un poinçon peut faire office de pointe à tracer).
- Une règle.
- Des ciseaux d'électronicien[7] ou des cisailles.
- Un rouleau de Chatterton[8].
- Un crayon tendre susceptible d'écrire sur le plomb sans le rayer (un crayon à maquillage, par exemple).

Il est pratique de disposer en plus d'une planche en aggloméré d'environ 20 cm sur 20 qui servira de support pour poser la feuille de plomb pendant que vous travaillerez

---

7. Les ciseaux d'électronicien sont des ciseaux dont les lames sont suffisamment puissantes pour couper de petites tôles. Ils sont préférables aux cisailles, car ils permettent de couper en rond.
8. Du vrai Chatterton en toile collante blanche, pas une imitation à base de ruban synthétique ou une quelconque toile adhésive, car en général ces produits de substitution ne collent pas bien sur le plomb contrairement au produit original.

Fig. 1

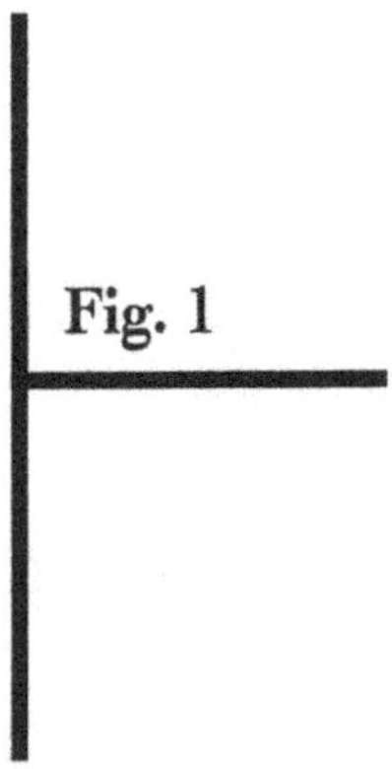

Fig. 2

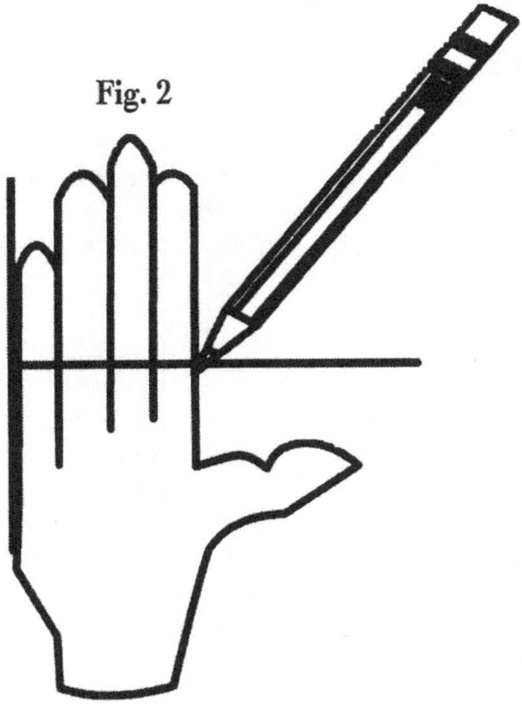

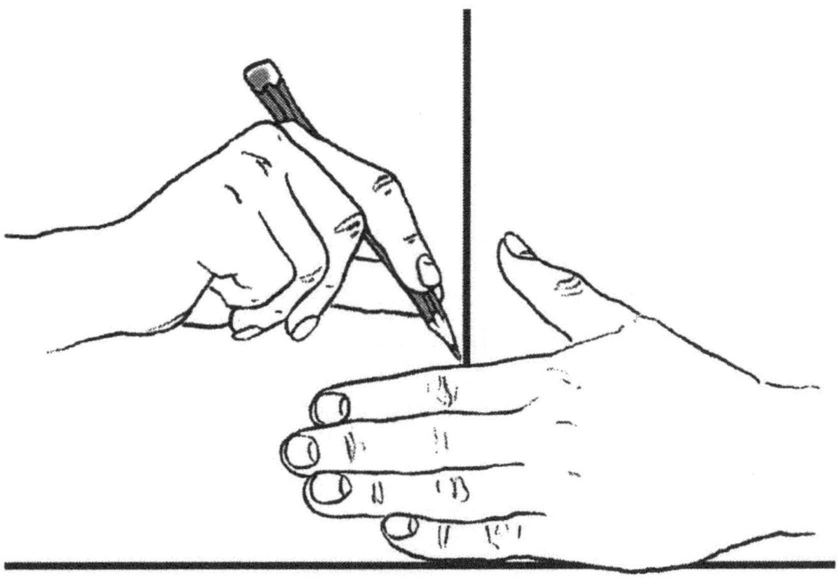

PLANCHE 1

MATÉRIEL NÉCESSAIRE POUR PRÉPARER LE TRAVAIL

- Une règle plate.
- Une équerre.
- Une feuille de papier.

Il est pratique de disposer d'une planche à dessin et d'un compas.

MATÉRIEL ET PRODUITS NÉCESSAIRES POUR LES CONSÉCRATIONS

- 2 chandeliers (ou à la limite deux soucoupes).
- Une coupelle de cuivre (avec un support isolant) ou une coupelle de terre réfractaire ou un brûle-parfum.
- Deux bols dont l'un contiendra l'eau bénite et l'autre le sel.
- Une nappe blanche pour l'autel.
- 3 bougies de cire blanche non torsadées.
- De l'encens mâle en larme (ou encens d'Oliban).
- Des braises automatiques.
- Du sel consacré.
- De l'eau bénite.

La préparation

1. Fabrication d'un gabarit en carton

Le pentacle comporte un double cercle. Le cercle extérieur doit avoir 1 palme de diamètre, et la mesure de cette palme doit être prise sur la personne qui portera le pentacle. La palme est la largeur des quatre doigts étendus mesurée à la hauteur de la jointure de l'index. La distance entre le cercle intérieur et le cercle extérieur doit être égale à l'épaisseur de l'auriculaire, soit 1/6 de la palme.

a) Mesure de la palme

- Sur une feuille de papier, tracez deux traits perpendiculaires (figure 1, planche 1).
- Appliquez une main, doigts serrés, pouces écartés, et marquez sur la droite A-B la mesure de la palme (figure 2).
- Votre travail a pour résultat la figure 1 de la planche 2.

b) Division de la palme en 6

- De A, tracez la droite oblique C : peu importe l'angle qu'elle fait avec la droite A-B (planche 2 figure 2).

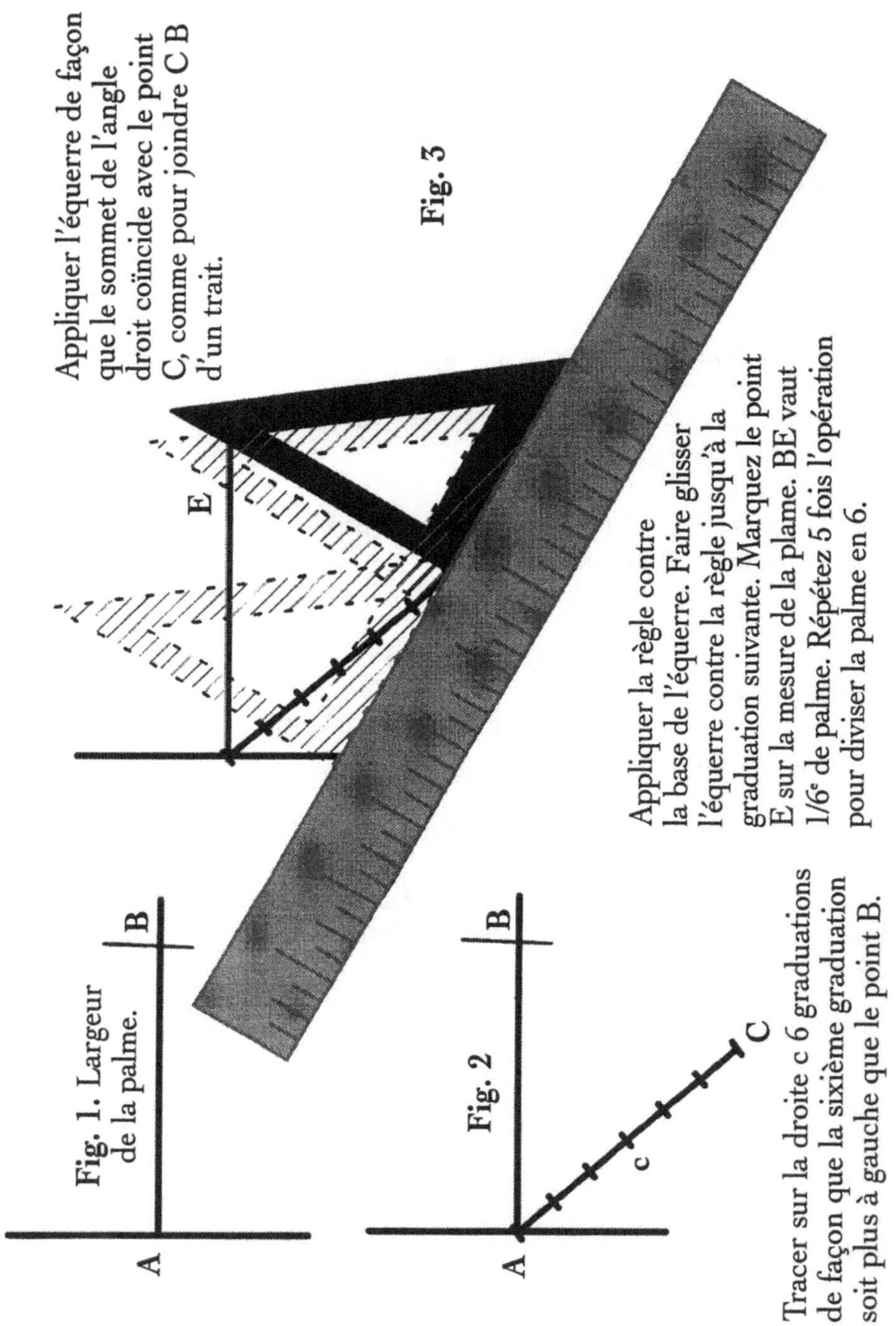
Appliquer l'équerre de façon que le sommet de l'angle droit coïncide avec le point C, comme pour joindre C B d'un trait.
Fig. 3
E
Appliquer la règle contre la base de l'équerre. Faire glisser l'équerre contre la règle jusqu'à la graduation suivante. Marquez le point E sur la mesure de la plame. BE vaut 1/6e de palme. Répétez 5 fois l'opération pour diviser la palme en 6.
Fig. 1. Largeur de la palme.
A
B
Fig. 2
A
B
c
C
Tracer sur la droite c 6 graduations de façon que la sixième graduation soit plus à gauche que le point B.

PLANCHE 2

- Marquez sur C 6 graduations également espacées, par exemple de 1 cm. La sixième graduation sera appelée « point C ».
- Appliquez le sommet de l'angle droit de l'équerre au point C, l'équerre étant placée de sorte que son bord touche le point B comme si vous vouliez joindre d'un trait B et C (figure 3).
- Placez la règle contre le bord de l'équerre, maintenez-la fermement en place et faites glisser l'équerre le long de la règle jusqu'à ce que son bord touche la graduation suivante. Le point E est la première graduation de la mesure de la palme, et E-B mesure 1/6 de palme.

c) Détermination des rayons des cercles

- Le grand cercle a pour rayon 3/6 de palme (figure 0, planche 3).
- Pour déterminer le rayon du petit cercle, tracez A-B dont la longueur est égale à 5/6 de palme (utilisez un compas pour reporter cette dimension à partir de la mesure de la palme).
- En prenant A pour centre, avec une ouverture de compas d'au moins 4 palmes, tracez deux arcs de cercle de part et d'autre de A-B.
- En prenant B pour centre, avec la même ouverture de compas, tracez deux arcs de cercle de part et d'autre de A-B coupant les arcs de centre A en C et D (figure 1).
- Joignez les points C et D pour obtenir le point E qui est le milieu de A-B. A-E est le rayon du petit cercle (figure 2).

d) Tracé du gabarit

- Marquez sur le carton un point O à l'encre.
- En prenant pour centre O, tracez le grand cercle et le petit cercle à l'encre.
- Tracez le cercle de rayon A-F au crayon – avec la mine de graphique du compas, c'est le cercle qui vous servira à construire le Sceau de Salomon (figure 3).
- Les trois cercles concentriques sont représentés sur la figure 4.
- Le cercle de construction est tracé en pointillé ; vous le tracerez au crayon.
- Tracez le diamètre A-B. Avec une ouverture de compas égale à O-A, en prenant A pour centre, tracez un demi-cercle passant par O pour obtenir les points C et D (planche 3).

En prenant B pour centre, avec la même ouverture de compas, tracez un demi-cercle passant par O pour obtenir les points E et F.

- Marquez les points A, B, C, D, E, F à l'encre.

Fig. 0

Mesure de la palme.

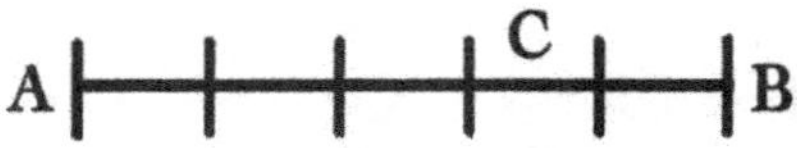

AC est le diamètre
du grand cercle.

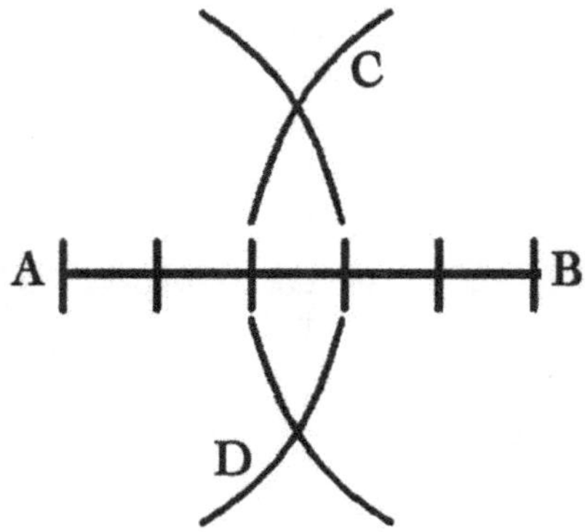

Fig. 1

AB mesure 5/6e de palme, c'est le diamètre du grand cercle. En prenant pour centre A, tracez 2 arcs de cercle de rayon 4/6e de palme pour obtenir les points C et D.

Fig. 2

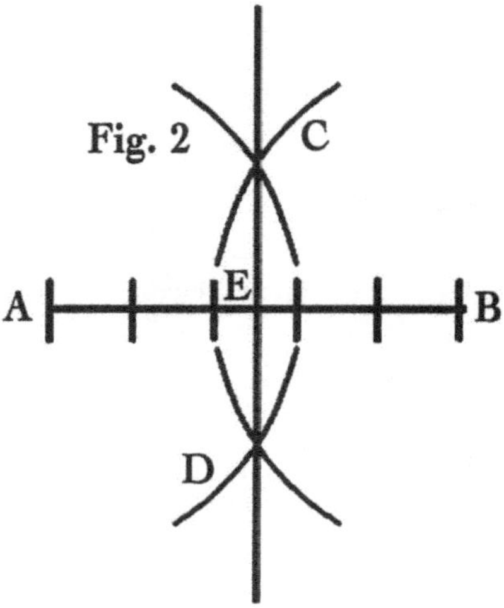

Joindre C D pour obtenir le point E, E étant le milieu de AB et AE étant le rayon du petit cercle.

Fig. 3

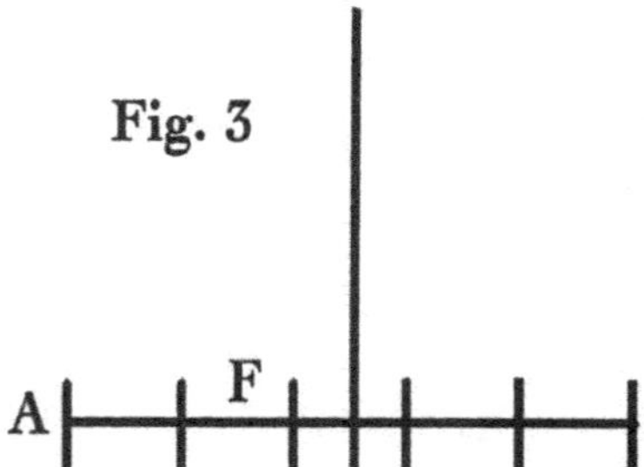

A F, qui fait 2/6e de palme, est le rayon du troisième cercle.

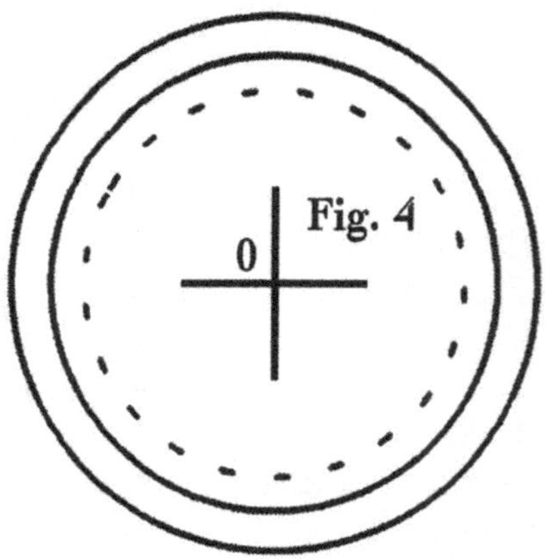

Fig. 4

Tracez sur la feuille de carton le grand cercle et le petit cercle à l'encre, tracez ensuite au crayon le cercle de rayon AF.

PLANCHE 3

- Effacez les deux demi-cercles passant par O.
- Au crayon, tracez les triangles A-E-F et B-C-D.
- En prenant A' puis B' pour centre, avec une ouverture de compas égale à A'-O, tracez deux demi-cercles passant par O pour obtenir les points C', D' et E', F' (planche 5).
- Marquez à l'encre les points A', B', C', D', E', F'.
- Effacez les deux demi-cercles passant par O.
- Au crayon, tracez les triangles A'-E'-F' et B'-C'-D'.
- Votre dessin doit maintenant ressembler à celui de la planche 6.
- Avec un clou fin ou un poinçon, percez le carton aux points O, A, B, C, D, E, F, A', B', C', D', E', F'.
- Pour avoir un modèle de tracé, repassez à l'encre sur les traits au crayon comme indiqué sur les planches 7 et 8.
- Percez ensuite le gabarit, toujours avec un clou fin sur les points 1, 2, 3, 4 à chaque intersection des deux triangles.
- Ceci étant terminé, découpez un carré autour de votre dessin qui forme désormais un gabarit qui vous servira à graver le pentacle sur le plomb.

2. La purification des outils

Notez que cette opération rituelle n'est pas absolument indispensable. Néanmoins, sachez que la puissance d'un pentacle est directement proportionnelle au soin apporté à sa confection. Un pentacle gravé avec des outils consacrés est donc plus efficace qu'un pentacle gravé avec des outils ordinaires. Avant d'entreprendre cette consécration, il vous faut savoir que, une fois consacrés, les outils ne devront plus jamais servir à des ouvrages profanes. Si cela se produisait, même accidentellement, les pentacles confectionnés avec ces outils perdraient leur propre consécration et donc une grande partie de leur efficacité.

Nous vous déconseillons donc de consacrer les outils si vos conditions de vie ne vous permettent pas d'être certains que :

- nul autre que vous ne s'en servira et même ne les touchera à l'avenir ;
- vous ne serez jamais obligé, pour une raison quelconque, de les utiliser à des fins profanes.

Si vous pouvez réunir ces deux conditions, alors rassemblez tous les outils destinés à la gravure du pentacle, à savoir le compas, la règle, la pointe à tracer, le rouleau de Chatterton, le gabarit en carton qui servira à tracer le pentacle sur le plomb et, éventuellement, la planche qui servira à poser le plomb durant la gravure, ainsi que tout outil non listé ci-dessus que vous désireriez utiliser.

Une fois ces outils rassemblés, procédez à leur consécration comme indiqué dans le rituel de consécration des outils (rituel 8 du sacramentaire). Notez que tous les outils doivent être consacrés le même jour.

Tracez le diamètre AB

Les traits au crayon
sont représentés
en pointillé.

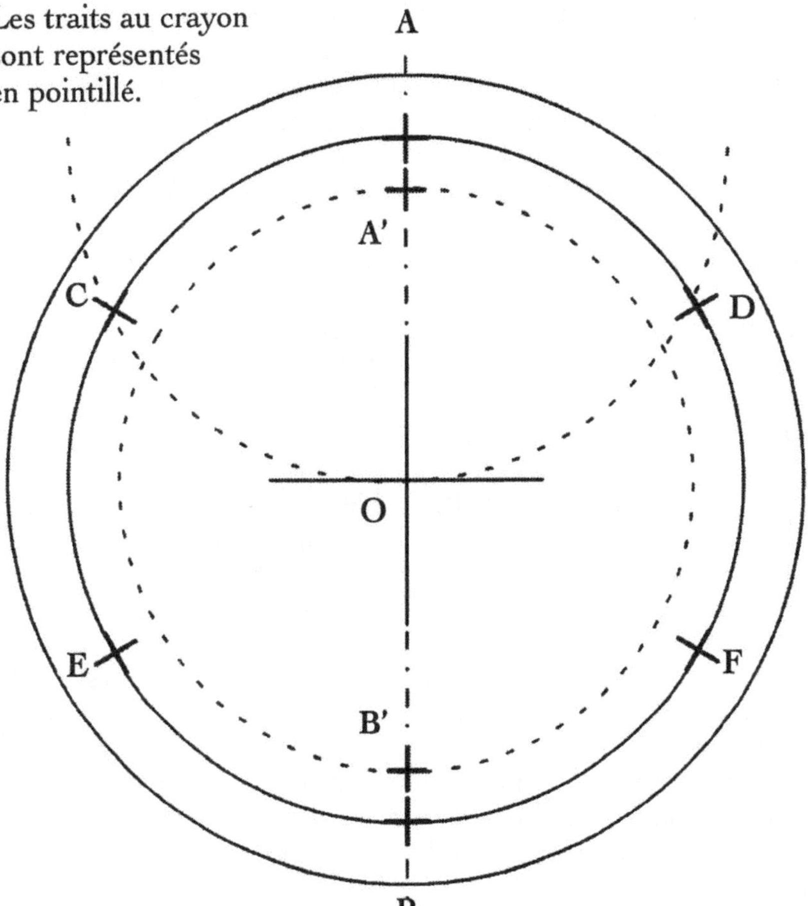

En prenant pour centre
A et pour rayon OA,
tracez un arc de cercle
coupant le grand cercle
pour obtenir les points
C et D.

Même opération en
prenant pour centre
le point B pour obtenir
les points E et F.

PLANCHE 4

Les traits au crayon
sont représentés
en pointillé.

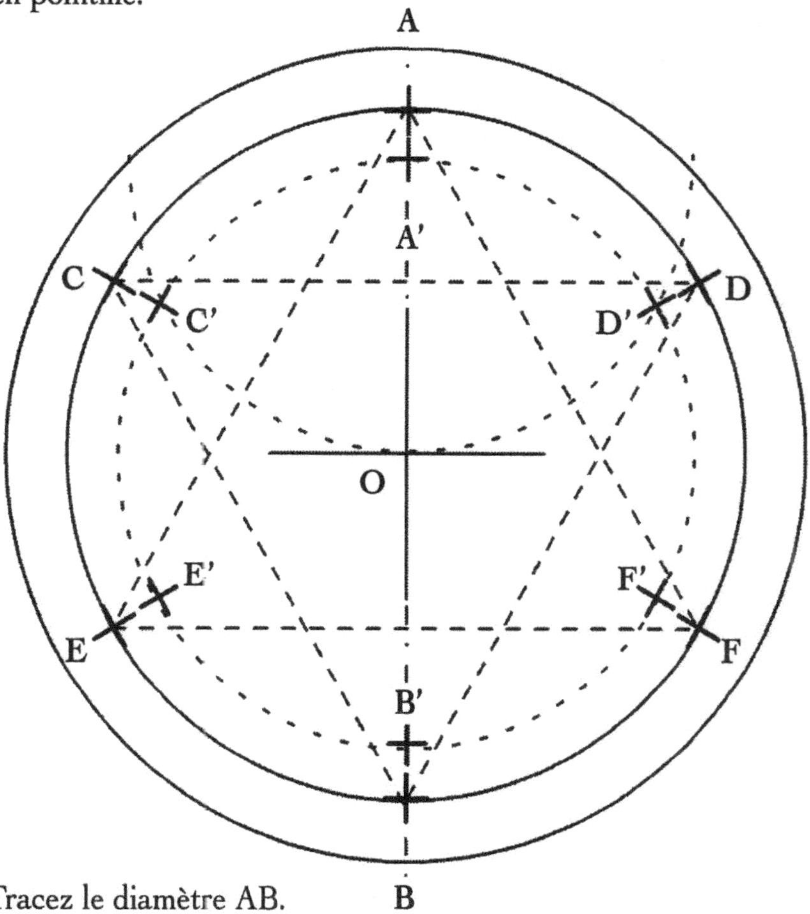

Tracez le diamètre AB.

PLANCHE 5

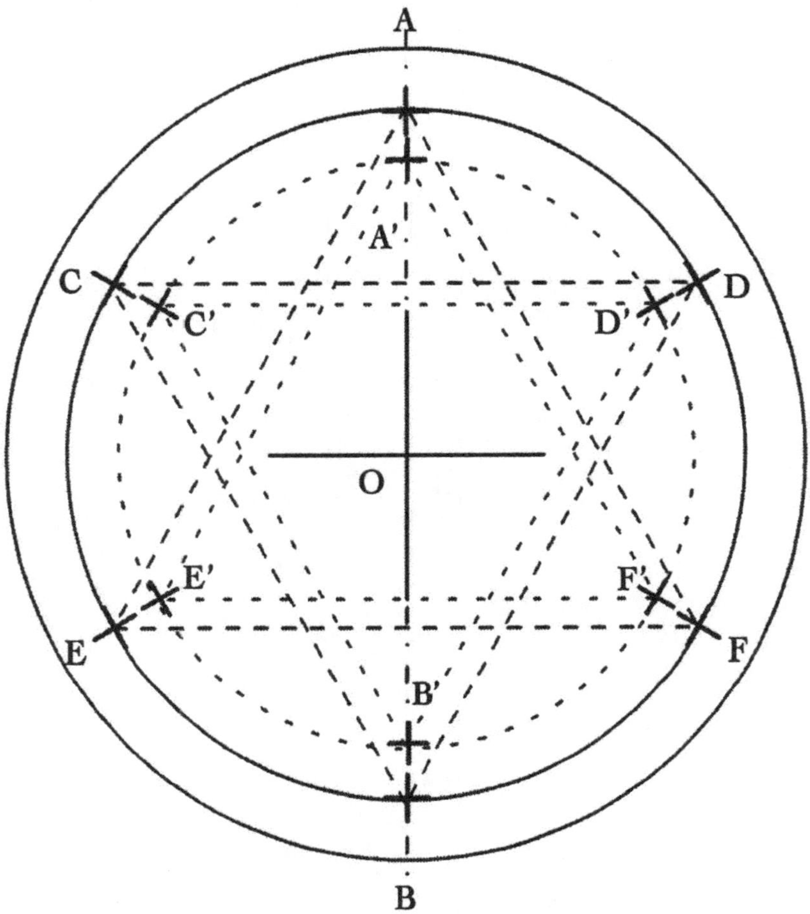

PLANCHE 6

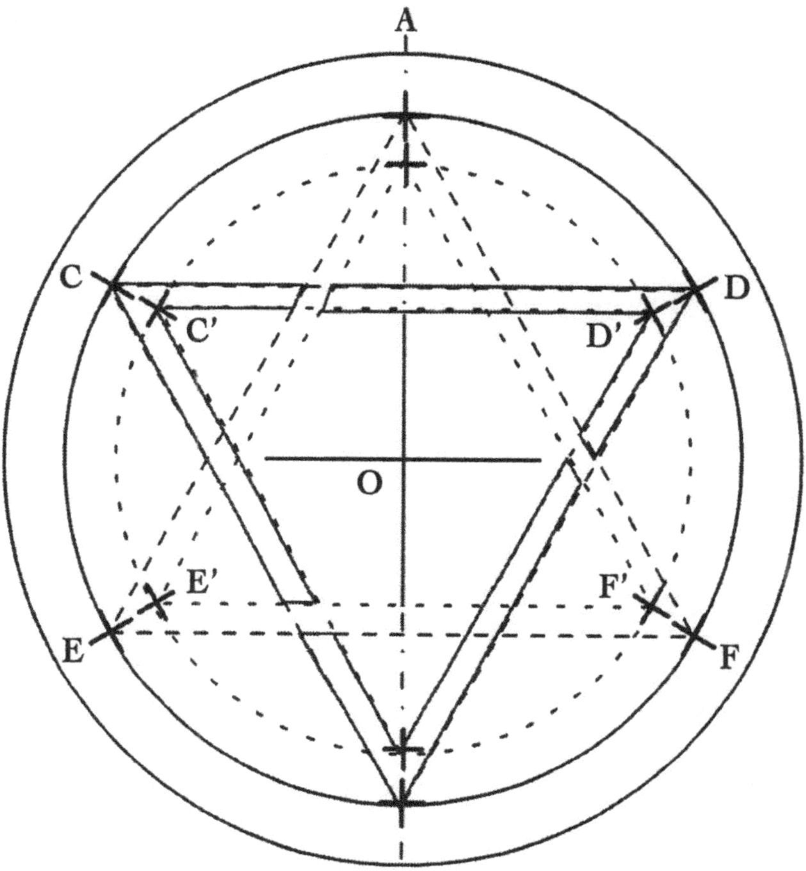

PLANCHE 7

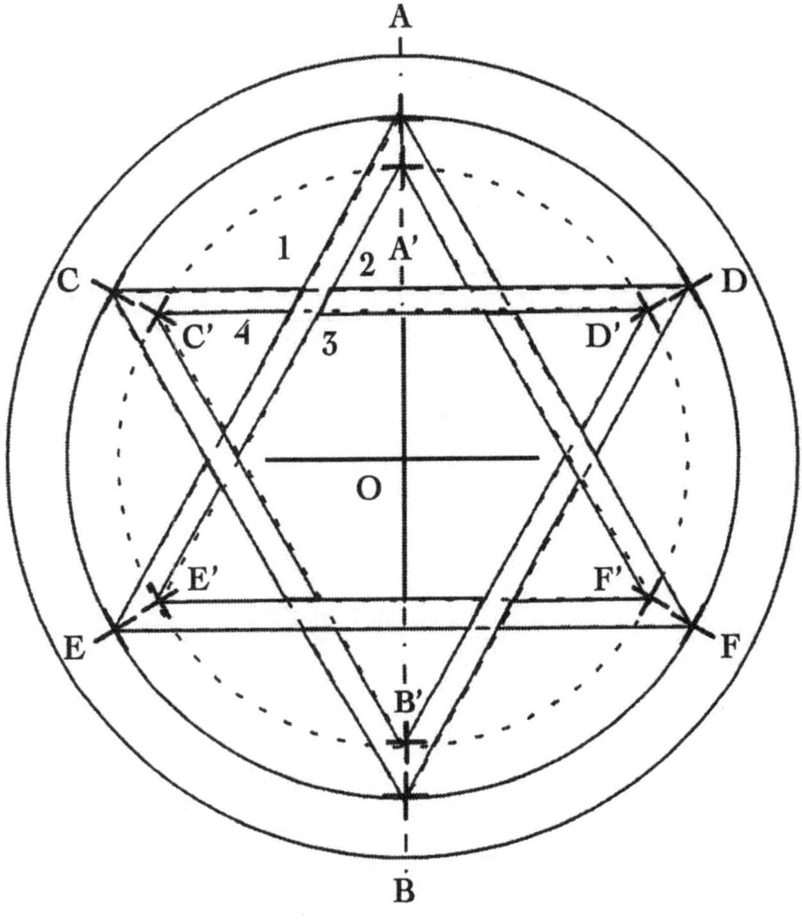

PLANCHE 8

PLANCHE 9

Si vous fabriquez régulièrement des pentacles, vous pouvez néanmoins ajouter un outil après coup, vous le consacrerez alors seul.

Les outils consacrés doivent être conservés dans une boîte faite si possible de bois sombre, garnie intérieurement d'un carré de soie violette avec lequel on les enveloppera.

La gravure du pentacle

Dites la prière de purification de l'opérateur (rituel 1 du sacramentaire).

Si vous avez consacré les outils (et seulement si c'est le cas), procédez à l'exorcisme du plomb (rituel 8).

Dites de toute façon la prière pour la libération et la réintégration des esprits minéraux (rituel 9) avant d'entreprendre ce travail.

Ayant accompli ces purifications préliminaires, placez sur la planche utilisée à cet effet un morceau de feuille de plomb carré de taille adaptée.

Posez le gabarit en carton sur la feuille de plomb convenablement aplanie, fixez-le avec le Chatterton puis avec un clou fin ou la pointe à tracer, marquez les trous O, A, B, C, D, E, F, A', B', C', D,' E,' F', ainsi que les 6 séries de points 1, 2, 3, 4.

Si vous avez suivi avec attention ces instructions, votre plaque de plomb est maintenant marquée de tous les points nécessaires au dessin du pentacle.

- Prenez un crayon tendre (genre crayon de maquillage) et tracez les traits à graver sur le plomb. Cette précaution peut vous sembler inutile, mais lors de la gravure, une erreur est irréparable.
- Relevez le rayon du grand cercle sur le gabarit avec le compas à pointe sèche, placez une pointe au point O et gravez le grand cercle.
- Prenez une règle et, avec la pointe à tracer, gravez l'étoile à 6 branches.
- Prenez la mesure du rayon du deuxième cercle et, plaçant une pointe du compas à pointe sèche au point O, gravez le petit cercle.
- Au centre de l'étoile, écrivez en hébreu le nom Shadaï et gravez les trois lettres du nom divin iod, hé, waw, hé comme indiqué sur la planche 9, p. 27.

La consécration du pentacle

Vous pouvez procéder à la consécration du pentacle n'importe quel jour, à n'importe quelle heure.

Vous direz successivement après avoir placé le pentacle sur l'autel :

- l'oraison de l'opérateur (rituel 1) ;
- la prière pour la libération et la réintégration des esprits minéraux (rituel 9). Si les outils n'ont pas été consacrés, vous procéderez à l'exorcisme du plomb ;
- la consécration du pentacle de protection (rituel 10).

Le port du pentacle

- Vous ne pouvez pas percer une feuille de plomb aussi mince et suspendre le pentacle comme une médaille à votre cou. Nous vous conseillons de fabriquer une pochette de toile solide, fermée par un cordon, une fermeture à glissière ou un adhésif genre « Velcro » – mais surtout pas par un bouton-pression, qui risquerait de rayer le pentacle. Glissez le pentacle à l'intérieur de cette pochette et portez-le pendu à votre cou. Les hommes qui vivent en costume peuvent bien sûr le glisser dans la poche intérieure gauche de leur veste.

- Ce pentacle, pour être efficace, doit être porté en permanence dans la journée. Durant la nuit, placez-le près de vous, soit sur votre table de nuit, soit sous votre oreiller.

Le pentacle est également un détecteur de maléfice

Malgré votre pentacle, vous pouvez être légèrement touché par un maléfice. Si votre pentacle se tache de blanchâtre ou de noir et devient friable soit sur toute sa surface, soit sur une partie de sa surface, cela signifie que malgré cette protection, vous avez été touché par un maléfice. Dans ce cas, fondez le pentacle et versez-le dans l'eau froide ; la plombomancie vous indiquera l'origine, la nature et la gravité du maléfice (consultez le chapitre « La divination par le plomb »). Il est d'ailleurs plus que probable que le maléfice a seulement détruit en partie l'efficacité de votre protection.

Il faudra refaire un nouveau pentacle identique au précédent.

Le Pentacle grandeur nature.

Son gabarit.

Réduit au tiers.

Réduit au sixième.

Lorsque le pentacle est réduit au sixème, l'étoile peut ne comporter qu'un seul trait de gravure et le gabarit peut n'avoir que 12 trous au lieu de 24.

PLANCHE 10

OBSERVATIONS

1. Pour porter un pentacle plus petit

Certains lecteurs trouveront sans nul doute que cette protection est bien encombrante et voudront avoir un pentacle plus petit. Ceci pose un problème, car les mesures du pentacle jouent un rôle extrêmement important. Ce sont elles qui créent le lien entre la personne et le pentacle, en électronique on parlerait de résonance ou de longueur d'onde commune.

Il existe néanmoins une solution à ce problème.

Fabriquez le pentacle comme indiqué ci-dessus, consacrez-le, et portez-le durant sept jours.

Fabriquez ensuite un modèle réduit de ce pentacle, en le réduisant au tiers ou au sixième (voir la planche 10).

Pour consacrer ce petit pentacle, vous porterez obligatoirement le grand, et vous procéderez par une simple imposition des mains.

Vous direz en imposant les mains :

« Créature de plomb, au nom de l'Éternel, le Tout-Puissant El Shadaï, je te consacre afin que tu sois la vivante et active image du pentacle que je porte.

Sois donc tout comme lui apte à me préserver de tout maléfice, qu'il soit d'ordre naturel ou surnaturel, avec la même efficacité que le sceau de plomb qui est actuellement sur ma poitrine. † »

Vous imposerez les mains au-dessus du petit pentacle pendant au moins trois minutes, puis vous direz : « Sois donc bénie, créature de plomb, au nom de Jésus Christ notre Seigneur. Amen †††. »

Ceci étant fait, vous placerez le grand pentacle sur une photo de vous dans une boîte de carton ou de bois et vous conserverez le tout par exemple dans le tiroir de votre table de nuit, si possible fermé à clef.

Si le petit pentacle prend un « choc », vous prendrez soin de vérifier que le grand pentacle placé sur votre photo n'a pas souffert.

Si le grand pentacle est intact, vous confectionnerez simplement un nouveau modèle réduit comme indiqué ci-dessus, après avoir fondu le modèle réduit et l'avoir utilisé pour une plombomancie (voir chapitre 4, « La divination par le plomb »).

Si le grand pentacle est atteint, vous fondrez ensemble le pentacle et sa copie réduite pour procéder à la plombomancie.

2. Une solution rapide

Si vous décidez de porter les pentacles modèles réduits, il est facile de confectionner les gabarits destinés au marquage des points sur le plomb en métal léger (aluminium, zinc, fer-blanc).

3. Si vous réduisez le pentacle à 1/6

Vous pourrez vous contenter de tracer une étoile à six branches avec un seul trait. Consultez la planche 10.

La croix de plomb

La croix de plomb est destinée à ceux qui sont victimes des attaques de démons incubes (femelles) ou succubes (mâles[9]). Ces attaques se caractérisent par des symptômes précis.

Le sommeil est souvent troublé par des rêves érotiques, la victime se réveille parfois au milieu de la nuit, couverte de transpiration avec le souvenir d'un rêve érotique, voire d'un cauchemar à thème sexuel.

Ces réveils en état de grande excitation sont parfois accompagnés de phénomènes considérés comme hallucinatoires : on voit une ombre sortir de la chambre ou même on entend la porte se refermer discrètement.

Nous avons connu des jeunes femmes qui prétendaient avoir été victimes de ce genre de phénomène durant leur adolescence pendant plusieurs années.

Nous avons même pu constater sur deux d'entre elles, à la suite d'une attaque sporadique, la présence de marques de dents.

En effet, souvent, le matin, on repère sur le corps des marques suspectes telles que traces de dents, de griffes sur le cou, la poitrine, les cuisses ou près du sexe. Ces marques sont en général très discrètes et indolores. Les marques de dents prennent le plus souvent la forme de deux piqûres d'épingle espacées de quelques millimètres au niveau de la veine jugulaire ou de la lèvre supérieure. La personne sujette à ces agressions se réveille lorsqu'elle en est victime, épuisée, et si ces attaques se produisent régulièrement, elle est rapidement atteinte d'anémie.

MATÉRIEL NÉCESSAIRE

- Une croix de bois.
- Du plâtre à modeler.
- Du plomb.
- Une spatule de fer (genre couteau de peintre).
- Un pinceau.
- Une mine de crayon (ou une boîte de graphite[10]).
- Un marteau.
- Une boîte en bois ou en carton ondulé de taille adaptée.
- Un clou.

---

9. C'est saint Augustin dans *La Cité de Dieu* qui a nommé « incubes » les démons mâles qui abusent des femmes durant leur sommeil et « succubes » les démons femelles qui abusent des hommes. Ces entités démoniaques sont à rapprocher, par leur action sur la santé physique de leurs victimes, des goules et des vampires. Ils se nourrissent de l'énergie vitale.

10. Le graphite est utilisé comme lubrifiant en mécanique, on en trouve donc dans les grandes quincailleries.

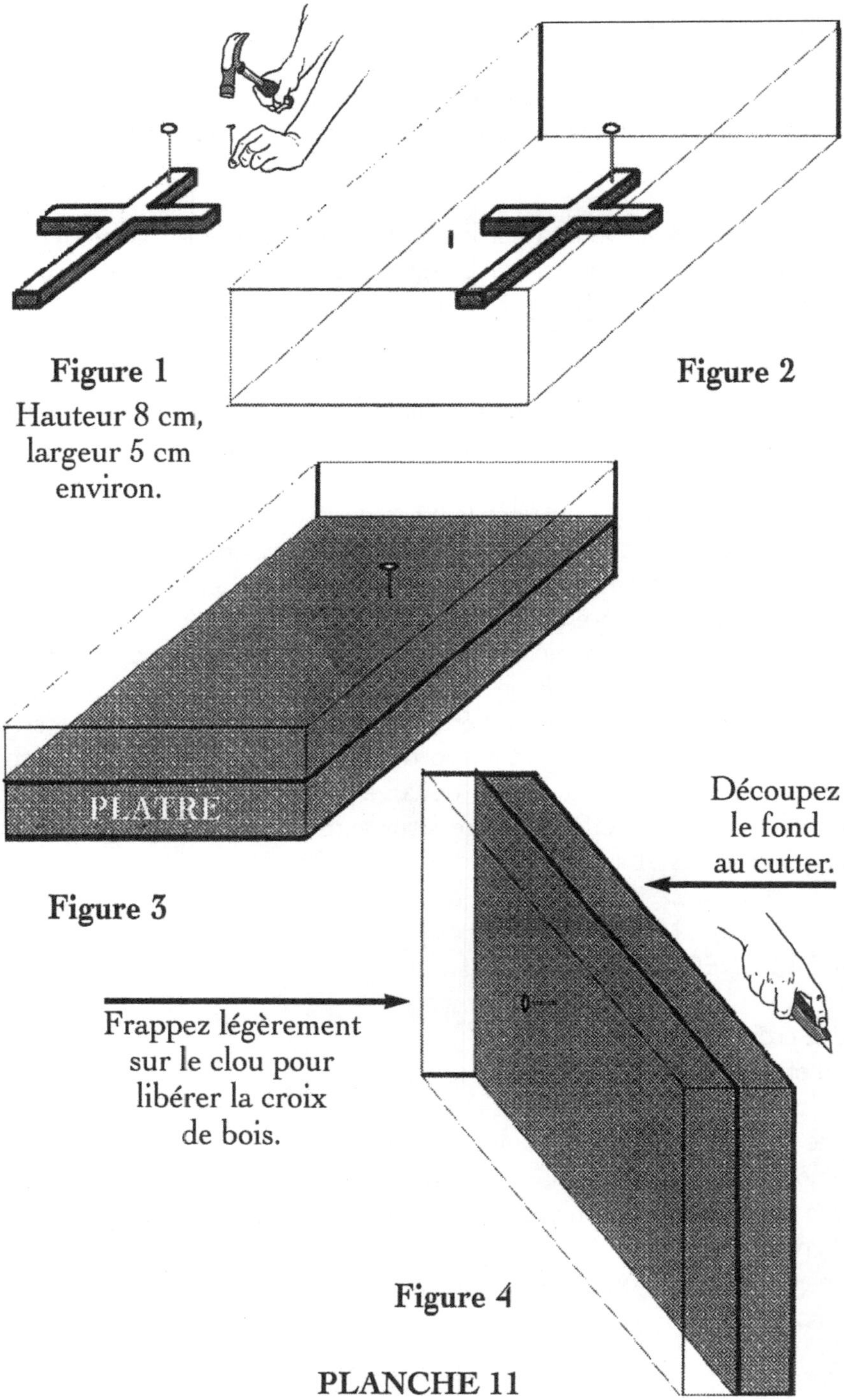
Figure 1
Hauteur 8 cm,
largeur 5 cm
environ.
Figure 2
PLATRE
Figure 3
Découpez
le fond
au cutter.
Frappez légèrement
sur le clou pour
libérer la croix
de bois.
Figure 4

PLANCHE 11

Fabrication du moule

- Traversez la croix d'un gros clou à l'endroit indiqué sur la figure 1.
- Broyez de la mine de crayon au marteau et enduisez la croix et le clou de la poudre de graphite obtenue.
- Posez la croix au fond de la boîte (voir figure 2).
- Gâchez le plâtre et versez-le sur la croix jusqu'au niveau indiqué (figure 3). Laissez sécher au moins 24 heures.
- Découpez le fond de la boîte au cutter.
- Avec le cutter, enlevez les bavures du moule.
- Donnez un léger coup de marteau sur le clou pour décoller la croix et démoulez. Vous devez obtenir une empreinte en creux de la croix (figure 4).
- Laissez sécher à nouveau durant trois jours au moins (le plâtre doit être parfaitement sec).

Moulage de la croix

- Placez un morceau de bois (préalablement enduit de graphite) de taille adaptée dans le trou du moule (figure 5).
- Faites fondre la quantité de plomb nécessaire dans une vieille casserole. Quand le plomb est devenu liquide, versez rapidement le plomb dans le moule, puis arasez avec la spatule. Laissez refroidir puis démoulez. Enlevez les bavures du moulage avec un cutter.

Gravure de la croix

- Au centre de la croix, gravez le monogramme du Christ (voir figures 6 et 7).

Consécration de la croix

- Sur l'autel disposé comme pour la consécration d'un pentacle, posez la croix en présence des ingrédients habituels auxquels vous ajouterez de l'huile d'exorcisme (voyez la confection et la consécration de l'huile d'exorcisme dans le sacramentaire, rituel 18).
- Dites la formule de consécration de l'opérateur (rituel 1).
- Dites la bénédiction du feu en allumant les bougies et l'encensoir (rituel 3).

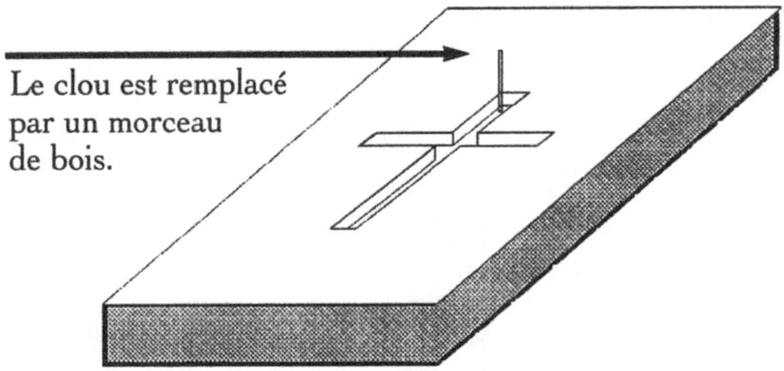

Figure 5

Le moule doit se présenter ainsi, une fois débarrassé du carton. Enduire généreusement le moule de graphyte pour empêcher le plomb de coller au plâtre.

Figure 6

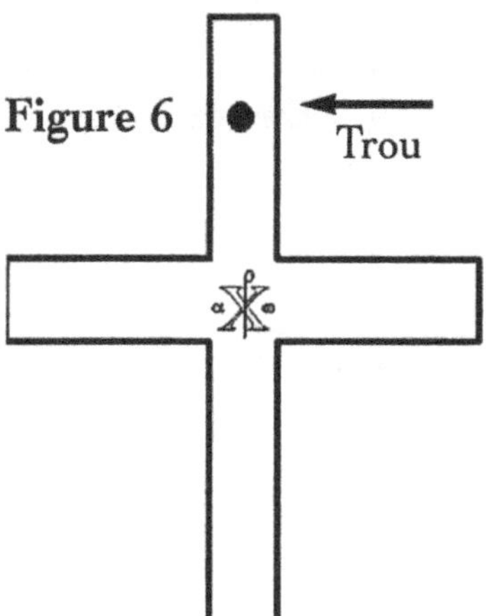

Figure 7

Le monogramme du Christ à graver au centre de la croix.

PLANCHE 12

Exorcisez le plomb de la croix (voir le rituel 8).

Dites ensuite la formule de consécration de la croix, en écartant les mains, paumes tournées vers le ciel :

« Notre puissance est dans le nom du Seigneur qui a créé les cieux et la terre.

Sauve Seigneur ton serviteur (ou ta servante) – [dites ici votre prénom ou celui de la personne pour qui vous consacrez la croix].

Sauve Seigneur ton serviteur (ou ta servante) qui espère en toi, mon Dieu.

Du sanctuaire envoie-lui ton secours, de Sion ta protection.

Que l'Ennemi ne l'emporte pas sur lui (elle) et que le fils d'iniquité ne puisse lui nuire.

Seigneur, daigne permettre que nous consacrions et bénissions en ton nom cette croix de plomb afin qu'elle soit pour ton serviteur (ou ta servante) [prénom], la marque de ta protection et que devant elle s'enfuient toutes espèces de démons et plus particulièrement ceux qui imposent aux humains la concupiscence et la fornication malgré leurs désirs de pureté.

Qu'ils soient donc éloignés à jamais de ton serviteur (ou de ta servante), ces démons immondes qui le (la) troublent durant son sommeil. Qu'ils s'enfuient devant cette croix sanctifiée quelle que soit leur nature ou les raisons de leur action.

Que ces troubles qui affectent ton serviteur (ou ta servante) disparaissent par la vertu de cette sainte croix, qu'ils soient dus aux démons eux-mêmes agissant de leur propre initiative ou sur l'ordre d'un sorcier ou d'un nécromancien ou de toute autre personne mauvaise ou envieuse, qu'ils disparaissent également, même s'ils ne sont point l'œuvre de démons mais ceux d'un homme ou d'une femme usant de quelque pouvoir occulte.

Seigneur, sois donc pour ton serviteur (ou ta servante) comme une tour de défense, bénis et sanctifie cette croix afin qu'elle éloigne de ton serviteur (ou ta servante) tout prestige du Démon et toute œuvre de l'ennemi. ††† »

Les signes de croix sont faits sur la croix avec le pouce humecté d'huile d'exorcisme.

On imposera longuement les mains sur la croix puis on dira :

« Exauce-nous, Dieu miséricordieux, afin que ce que nous avons exécuté en ton nom soit accompli par ta bénédiction. Au nom de Jésus Christ notre Seigneur et de saint Jean son serviteur. Amen. ††† »

Utilisation de la croix de protection

Cette croix était autrefois portée par les moines et les nonnes lorsqu'ils étaient victimes d'attaques d'incubes ou de succubes. Ils se couchaient, revêtus d'un silice (une chemise de crin qui gratte et irrite la peau) et dormaient, allongés sur le dos, avec la croix posée sur leur poitrine.

La croix servait donc à la fois d'instrument de pénitence et de protection. Une chemise de nuit ordinaire ou un pyjama isolera aussi bien la croix de votre peau. Par ailleurs, elle vous protégera des attaques des incubes ou des succubes aussi bien si elle est posée sur votre table de nuit ou pendue au mur. Simplement, si, ayant pendu près de votre lit cette croix protectrice, vous êtes réveillé au cours de la nuit par une attaque (cela peut arriver, surtout au cours des premières nuits), allongez-vous sur le dos, posez la croix sur votre poitrine, et rendormez-vous dans cette position. Pour les personnes qui subissent des attaques régulières depuis longtemps (plusieurs mois ou plusieurs années), il est conseillé de dormir au moins trois nuits avec la croix sur la poitrine puis de la suspendre au pied du lit.

Spécial insuffisants respiratoires

Avec les effets pervers de la pollution urbaine, on ne compte plus les asthmatiques, les victimes de bronchite et de sinusite chroniques. Si vous faites partie de ces victimes de notre société industrielle, il vous est malheureusement impossible de dormir sur le dos. Dans ce cas, vous pouvez avoir recours à la croix en la posant sur votre photo. Placez simplement la croix sur une photo de taille suffisante et enfermez le tout dans une boîte que vous conserverez près de votre lit, par exemple dans le tiroir de votre table de nuit.

Chapitre II

Les pentacles d'action

Le pentacle en plomb pour la spiritualité ou « Grand Pentacle de Salomon »

La Bible elle-même nous apprend que l'Éternel Dieu avait donné à Salomon plus de sagesse qu'il n'en avait donnée à aucun autre roi et même à aucun autre homme. C'est pourquoi le pentacle de Salomon, lorsqu'on ne l'utilise pas pour effectuer des invocations magiques, est un « talisman de sagesse ». Il viendra en aide à tous ceux dont le travail est de comprendre ou de décider, s'ils le placent dans leur lieu de travail. La mesure de ce pentacle est d'une coudée de côté.

MATÉRIEL NÉCESSAIRE

- Un morceau de feuille de plomb de 60 cm sur 60 environ.
- Une plaque de bois (de contreplaqué ou d'« isorel »).
- Un gros clou ou une pointe à tracer.
- Un compas à pointe sèche.
- Quelques clous dits de tapissier pour fixer le pentacle à la planche ou une colle adaptée.
- Une règle, une équerre, un compas, un crayon bien taillé, une grande feuille de papier pour tracer l épure du pentacle.

MESURE DE LA COUDÉE

La coudée est la mesure qui va de la pointe du coude à l'extrémité du majeur lorsqu'elle est à 7 palmes, de l'extrémité du coude à une badine tenue dans le poing fermé lorsqu'elle est à 6 palmes. Le Grand Pentacle de Salomon a pour côté une coudée à 6 palmes. Pour mesurer la coudée, le mieux est de fixer sur une planche un tasseau et de coincer le coude contre ce tasseau. Il faut ensuite prendre un crayon à plein poing et marquer sur la planche la longueur de la coudée. Consultez les figures 1 et 2.

Réalisation de l'épure du pentacle

- Le pentacle est un carré sur lequel sont tracés quatre cercles concentriques.
- Le premier cercle est tangent au carré.

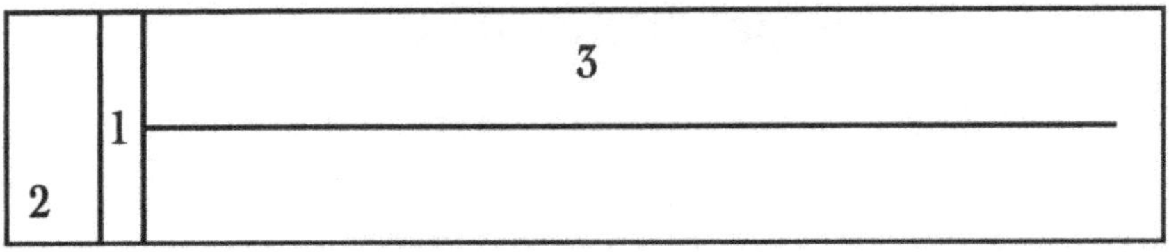

Figure 1.
Mesure de la coudée.
1 tasseau, 2 planches, 3 traits tracés à la règle.

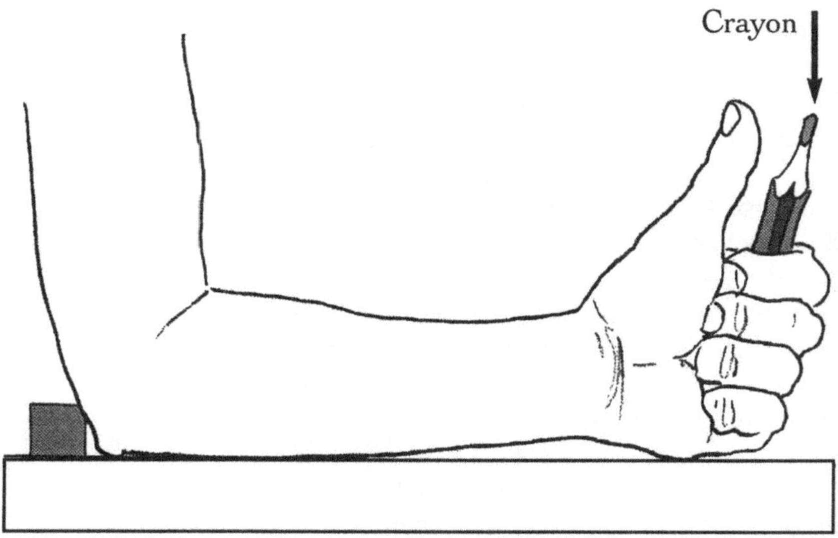

Figure 2.
Marquez la longueur de la coudée sur la planche, puis mesurez.

PLANCHE 13

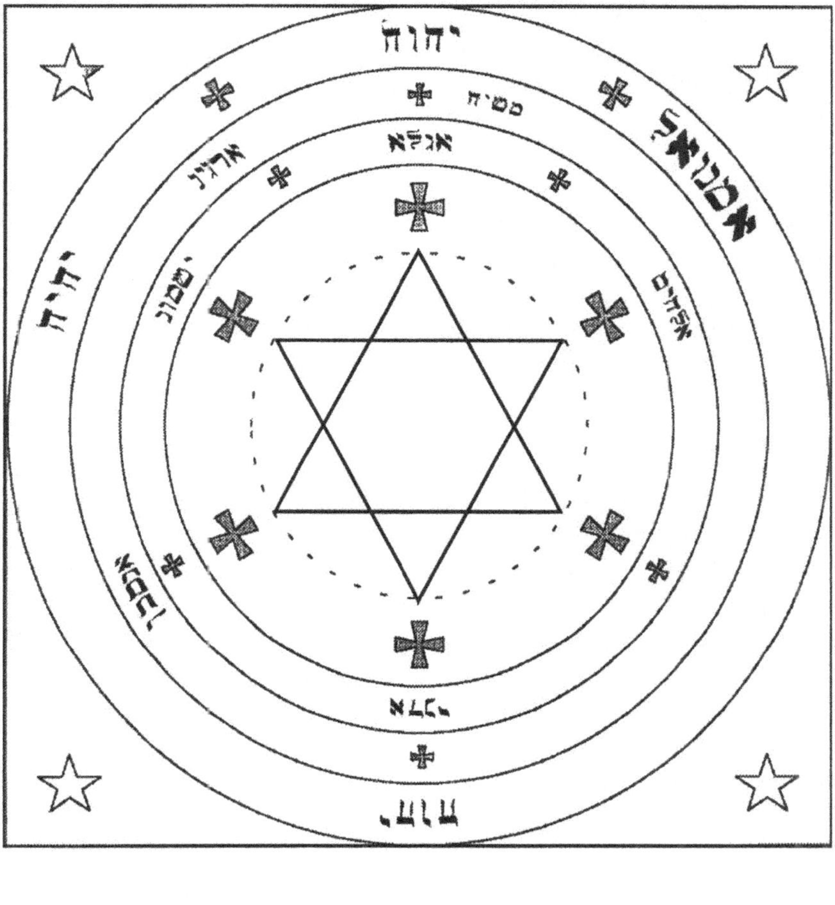

PLANCHE 14

- Le deuxième cercle a un rayon égal à 11/13 de demi-coudée. Il vous faudra d'abord diviser votre coudée en deux, puis diviser la mesure ainsi obtenue en 13, selon la méthode donnée sur la planche 2, p. 18.
- Le rayon du troisième cercle est égal à 11/13 diminué d'une graduation et demie.
- Le rayon du quatrième cercle est égal à celui du troisième cercle diminué d'une graduation et demie.
- Le rayon du cercle servant à construire l'étoile est égal à 5/13 auquel il faut ajouter 1/3 de graduation.
- Pour diviser la demi-coudée en 13, procédez comme indiqué sur la planche 2. La méthode utilisée pour diviser la palme en six vaut pour n'importe quel nombre.

Disposez ensuite les noms divins comme indiqué sur le dessin de la planche 14. Ceux de nos lecteurs qui ont lu les œuvres de Papus ou de Henri Corneille Agrippa ne reconnaissent pas le pentacle de Salomon tel qu'il y est représenté. En fait, le pentacle que nous vous proposons de dessiner ne diffère du modèle présenté dans ces livres que sur un point : les noms divins ont été traduits comme il se doit en hébreu[11].

Gravure du pentacle

La gravure du pentacle ne présente pas de difficulté particulière. Pour ceux qui ne sont ni très habiles de leurs mains, ni très habitués aux travaux manuels, précisons qu'il n'est pas nécessaire que leurs mesures soient rigoureusement exactes, ni même que leur travail de gravure soit esthétique. La seule chose importante est qu'ils aient suivi le procédé d'élaboration du pentacle de bout en bout. L'important, par exemple, n'est pas que le second cercle ait pour rayon 11/13, c'est que vous ayez effectué le tracé qui théoriquement lui donne une mesure de 11/13. Dans ce cas, même si votre tracé est faux ou imprécis, le cercle mesure « magiquement » 11/13.

11. Sur les originaux de ce pentacle, les noms sont écrits en latin et on peut lire en haut « Jéhovah » et en bas du grand cercle « Tétragramaton ». Ces deux noms latins désignent en hébreu un seul et même nom (iod hé wav hé) qui est remplacé par sa vocalisation latine (Jéhovah) en haut et par sa désignation elliptique traditionnelle en bas Tétragramaton (le nom de quatre lettres). C'est ainsi que les Anciens ont signalé à « ceux qui savent » et à ceux-là seulement que tous les noms portés sur les cercles du pentacle devaient être traduits en hébreu.

La consécration du pentacle

Vous direz successivement après avoir placé le pentacle sur l'autel :

- la consécration de l'opérateur (rituel 1) ;
- la prière pour la libération et la réintégration des esprits minéraux (rituel 9).
- Si les outils ont été consacrés, vous procéderez à l'exorcisme du plomb (rituel 7).

Puis l'oraison suivante :

« Ô Éternel, toi qui accordas à ton serviteur le grand roi Salomon plus de sagesse et d'intelligence qu'à tout autre homme et qui, par ton ange, lui fit connaître ce sceau daigne, Seigneur, puisque par ta grâce toute spéciale, son image est parvenue jusqu'à nous, accorde à ce sceau de plomb la même puissance que tu accordas jadis à celui que grava ton serviteur Salomon.

Et toi puissant roi de Sagesse, toi Salomon dont la sagesse fut plus grande que celle de tous les fils de l'Orient et qui surpassa des sages d'Égypte, toi qui prononças 3 000 sentences et composas 1 005 cantiques à la gloire de l'Éternel, qui décrivis dans tes livres aujourd'hui perdus les propriétés des plantes, des quadrupèdes, des oiseaux, des reptiles et des poissons, toi qui au début de ton règne était le plus pauvre de tous les rois, et qui par ta sagesse sus devenir le plus riche et le plus puissant de tous, toi qui poursuis dans les cieux au pied du trône de l'Éternel l'œuvre accomplie durant ta vie, daigne, puissant roi de sagesse, intercéder pour nous auprès du Seigneur notre Dieu, afin qu'il bénisse et sanctifie ce sceau, afin qu'il fortifie chaque jour notre sagesse et notre intelligence. »

On impose les mains sur le sceau sans le toucher pendant cinq bonnes minutes en visualisant un halo d'or autour du grand cercle.

« Ô mon Seigneur mon Dieu, en toi est la source de toute sagesse, de toute intelligence, de toute connaissance. Daigne donc exaucer la prière que t'adresse l'homme de désir par l'intercession de ton glorieux serviteur Salomon et ordonner à tes saints anges de le guider et de le soutenir en toutes ses œuvres. Au nom de Jésus Christ notre Seigneur et de saint Jean son serviteur. Amen. »

La mise en place du pentacle

Le pentacle sera encadré (fixé par quelques clous ou de la colle sur une plaque de bois) et accroché au mur d'une pièce où l'on se consacre essentiellement au travail intellectuel. Cela, c'est ce qui doit être fait en principe.

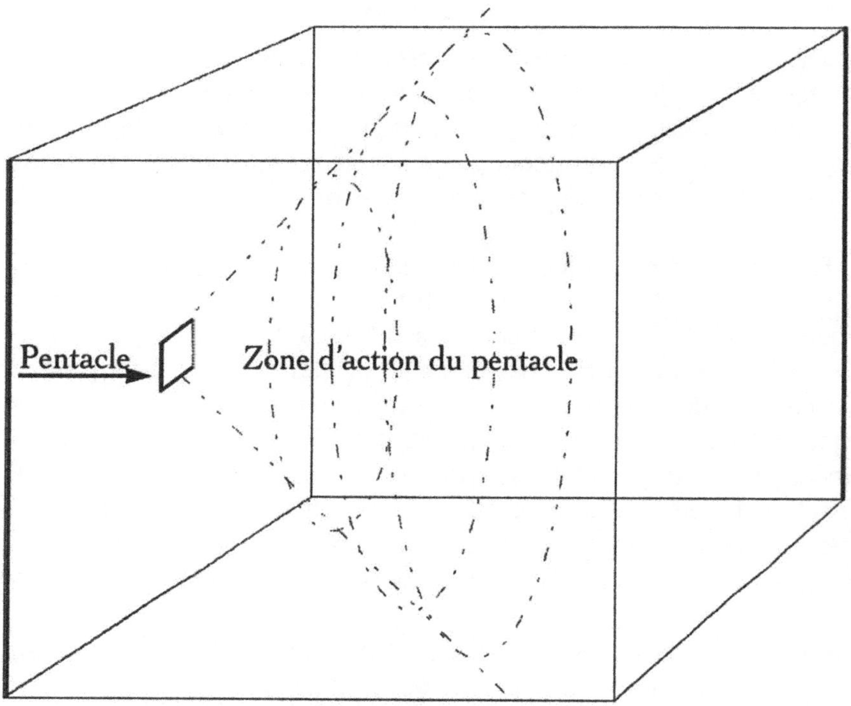

Cette boîte représente la pièce
où est suspendu le pentacle.

PLANCHE 15

Dans la pratique, vous ne disposez pas forcément d'un bureau ou d'un cabinet de travail. Il faut donc suspendre le pentacle à l'endroit de la maison où vous travaillez le plus habituellement. Si, par exemple, vous lisez souvent des ouvrages difficiles dans votre chambre à coucher, c'est dans votre chambre à coucher qu'il faudra poser le pentacle.

Comment choisir la place du pentacle

L'habitude voudrait que l'on pose ce pentacle face à la personne qui travaille, de façon qu'en relevant les yeux de son livre ou de toute autre tâche la première chose qu'elle voit soit le pentacle. En réalité, l'expérience a montré que ce pentacle pouvait être placé n'importe où, pourvu que la tête de la personne qui travaille soit située dans un cône fictif de 90° par rapport au pentacle (voir planche 15). De même, il suffit que cette personne soit consciente de la présence du pentacle pour qu'il agisse. Il n'est même pas nécessaire que le pentacle soit visible. Il peut être caché derrière un tableau ou une gravure.

Efficacité du pentacle

Gravez le pentacle, consacrez-le, posez-le à un endroit adéquat et... cessez d'y penser. N'attendez pas de miracle ! Ce n'est pas parce que vous avez posé ce pentacle que vous serez instantanément apte à comprendre ou à étudier des textes ou des sujets qui pour l'instant vous échappent. Le pentacle agit à long terme. Il vous aide au quotidien à vous perfectionner, il peut vous susciter quelques « intuitions géniales », mais il ne saurait remplacer quelques années d'étude. Il vous aidera à étudier, à comprendre, à prendre les « bonnes décisions face à un problème », à trouver facilement les informations qui vous manquent. En un mot, ce pentacle, comme tout pentacle actif, est comparable à une canne. La canne aide à faire marcher ceux qui désirent marcher, elle n'est d'aucun secours à ceux qui restent assis dans leur fauteuil.

Le talisman des pêcheurs

Ce talisman est traditionnel dans certaines régions d'Orient. Il sert généralement à préserver les pêcheurs des dangers de la mer et favorise une bonne pêche. C'est évidemment là une interprétation au premier degré de la tradition, car le Christ dit : « Suivez-moi et je vous ferai pêcheurs d'âmes. » Ce talisman est donc également destiné à tous les pêcheurs d'âmes, à tous ceux qui prêchent une religion ou enseignent la spiritualité. Il attire vers eux de nombreux disciples. Le psaume doit être gravé un samedi avec un stylet durant l'heure précédant le lever du Soleil. Comme en Orient il est le plus souvent gravé en arabe, nous pensons qu'il peut sans inconvénient être gravé en français ou en toute autre langue[12].

Ne soyez pas effrayé, la réalisation de ce talisman demande de nombreux calculs préparatoires, mais nous les avons tous effectués pour vous. La planche 16 présente un modèle complet du talisman tel que vous devez le graver. Il vous suffira de recopier cette planche sur le plomb pour réaliser le talisman.

Nous avons néanmoins tenu à en expliquer de bout en bout la réalisation. D'abord parce qu'un talisman tire certes son efficacité de sa matière et de son dessin, mais aussi de la compréhension et de la concentration de celui qui réalise la gravure.

Si vous comprenez simplement les calculs que nous expliquons, vous multiplierez l'efficacité du talisman que vous allez graver par trois ou quatre.

Si vous comprenez le symbolisme spirituel contenu dans ces calculs eux-mêmes, alors, c'est par cent, mille, peut-être plus, que sera multipliée la puissance de cet objet parce qu'alors, il s'établira entre lui, vous et ce qu'il représente une harmonie spirituelle profonde.

---

12. La confection de ce talisman relève de la Kabbale pratique, et il devait originellement être écrit en caractères hébraïques. Actuellement, on en trouve de nombreux exemples écrits en arabe, et il est même des praticiens qui prétendent qu'il n'est efficace qu'en arabe. D'autres tiennent pour le grec. Soyons logiques. Lorsque le talisman est écrit en arabe, la version des psaumes utilisée est celle du « psautier arabe ». Les psaumes de ce livre ont été traduits en arabe à partir du psautier latin et non à partir d'une version hébraïque. Il en résulte que le texte du psaume a successivement été traduit de l'hébreu en grec (vers 300 avant J.-C.) puis du grec en latin (par saint Jérôme) et ensuite du latin en arabe. Par conséquent, si le talisman fonctionne lorsqu'on le conçoit à partir du psautier arabe, il fonctionne forcément aussi bien à partir d'une version française ou latine du psaume. C'est d'ailleurs ce qu'expliquait Henri Corneille Agrippa (l'autorité suprême en matière de magie en Occident) qui expliquait qu'un auteur du nom d'Hermès (pas Hermès Trismégiste) avait justifié le fait de faire ce genre de calculs dans les langues occidentales. Malheureusement, les ouvrages de cet auteur n'ont pas été retrouvés. On peut néanmoins avoir une totale confiance dans les affirmations d'Agrippa quand elles concernent des points pratiques de ce genre. Notez qu'en magie occidentale, les noms divins ou les noms d'anges obtenus à partir de ce genre de calculs sont considérés comme ayant des racines hébraïques.

MATÉRIEL NÉCESSAIRE

- Un morceau de feuille de plomb de taille adaptée.
- Une aiguille ou une épingle solidement emmanchée ou une pointe à tracer fine.
- Une règle.
- Une calculette.
- Du tissu violet (si possible de la soie).

Gravure du psaume

1) Tracer au centre de la plaque de plomb, en utilisant la règle, un carré suffisamment grand pour le diviser en 9 cases, chaque case étant de taille suffisante pour que l'on puisse y écrire un chiffre.
2) Écrivez le psaume 8 en spirale comme nous l'avons fait sur la planche 16.
3) Dessinez avec la pointe à tracer une vague forme de poisson autour de l'ensemble.

Notez qu'il faut faire cette gravure la plus petite possible. En Orient, ceux qui réalisent ce type de sceau travaillent avec une forte loupe.

Calcul du sceau triptyque

1) Travail préliminaire

On écrira toutes les lettres de l'alphabet utilisé sur trois colonnes, chaque colonne comportant 9 lettres jusqu'à épuisement de l'alphabet. Voyez le tableau ci-dessous pour l'alphabet latin, puisque nous utilisons une traduction française du psaume.

Il faut ensuite transcrire le psaume en nombres. La version française du psaume 8 que nous avons choisie vaut 2337. Vous pouvez faire le calcul pour une version latine ou grecque, voire arabe ou hébraïque.

A	1	J	1	S	1
B	2	K	2	T	2
C	3	L	3	U	3
D	4	M	4	V	4
E	5	N	5	W	5
F	6	O	6	X	6
G	7	P	7	Y	7
H	8	Q	8	Z	8
I	9	R	9		

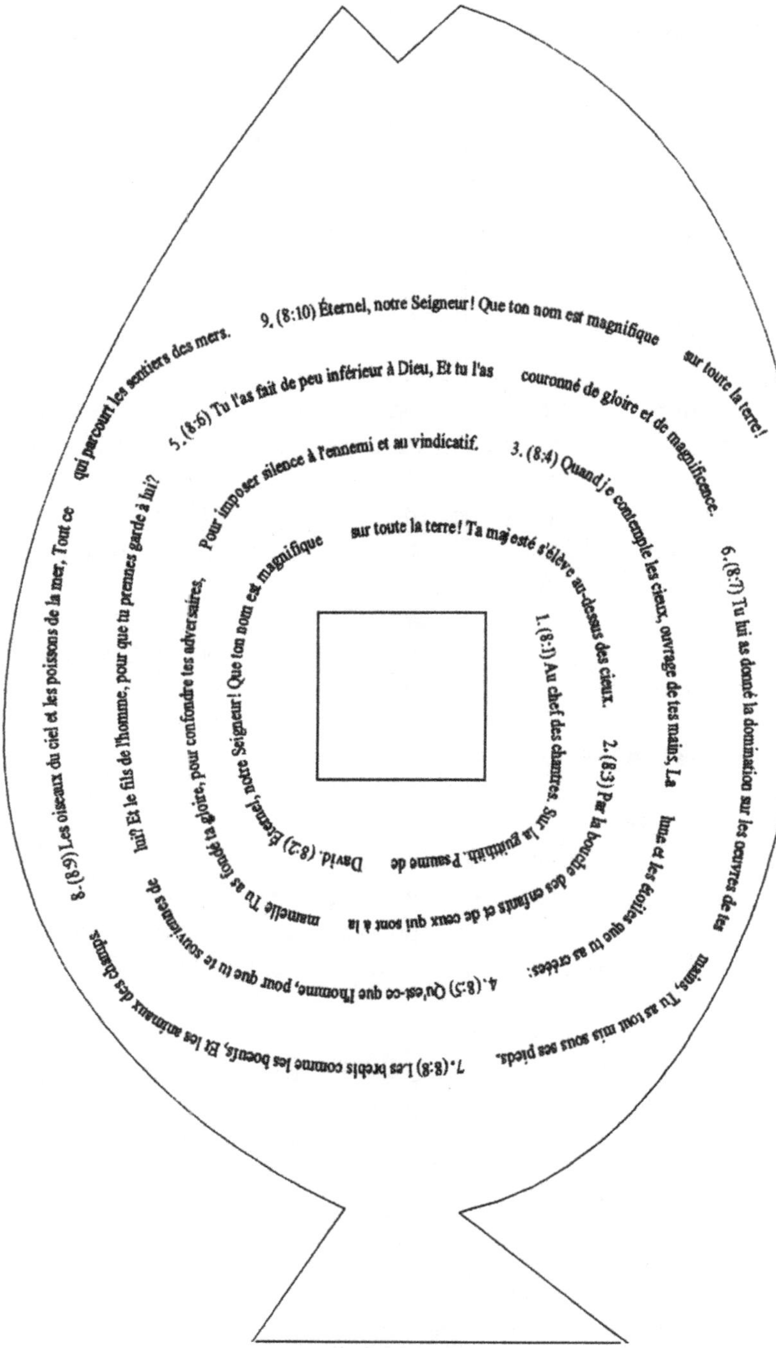
1. (8:1) Au chef des chantres. Sur la guitthith. Psaume de David. (8:2) Éternel, notre Seigneur! Que ton nom est magnifique sur toute la terre! Ta majesté s'élève au-dessus des cieux.
2. (8:3) Par la bouche des enfants et de ceux qui sont à la mamelle Tu as fondé ta gloire, pour confondre tes adversaires, Pour imposer silence à l'ennemi et au vindicatif.
3. (8:4) Quand je contemple les cieux, ouvrage de tes mains, La lune et les étoiles que tu as créées:
4. (8:5) Qu'est-ce que l'homme, pour que tu te souviennes de lui? Et le fils de l'homme, pour que tu prennes garde à lui?
5. (8:6) Tu l'as fait de peu inférieur à Dieu, Et tu l'as couronné de gloire et de magnificence.
6. (8:7) Tu lui as donné la domination sur les oeuvres de tes mains, Tu as tout mis sous ses pieds,
7. (8:8) Les brebis comme les boeufs, Et les animaux des champs
8. (8:9) Les oiseaux du ciel et les poissons de la mer, Tout ce qui parcourt les sentiers des mers.
9. (8:10) Éternel, notre Seigneur! Que ton nom est magnifique sur toute la terre!

PLANCHE 16

Sachez néanmoins que par la suite, nous considérerons que A vaut 1, J vaut 10 et S vaut 100 et que A commande les unités, J les dizaines et S les centaines.

- Il faut ensuite diviser le nombre obtenu par 15 : 2337 / 15 = 155, reste 12.
- ***155** est la valeur de base.*
- *Le reste de la division **(12)** s'appelle le **Gabra** qui signifie « force » dans les langues sémitiques.*

2) Calcul du sceau du psaume

Première étape

- Sur une feuille de papier, on tracera d'abord le sceau de Saturne (planche 17, figure 1). Ce sceau comporte 9 « maisons » (ou cases) et les cases en grisé sont appelées « Maisons du Gabra ».

Deuxième étape

- On trace ensuite un tableau de 9 cases (figure 2) et on inscrit au crayon dans chaque case le produit de la valeur de base par le nombre correspondant dans la case du carré de Saturne, par exemple dans la deuxième case de la première ligne 155 x 9 = 1395 et dans la première case de la troisième ligne 155 x 8 = 1240.
- Dans les Maisons du Gabra, on ajoute au nombre précédemment inscrit la valeur du Gabra, par exemple dans la première case de la première colonne on a inscrit 155 x 4 = 620, auquel on ajoute le Gabra 12.

Troisième étape

- Si vous n'avez pas commis d'erreur, les sommes des nombres contenus dans chaque ligne du carré sont égales à la valeur du psaume (dans notre exemple en français 2337).
- Chaque nombre que vous inscrirez dans le sceau doit correspondre à une ou deux lettres de l'alphabet. Comme nous travaillons en français, l'alphabet comporte 26 lettres. Nous diviserons donc chaque nombre contenu dans les cases du tableau de la figure 2 par 26 et nous inscrirons dans le tableau de la figure 3 la valeur du quotient ajoutée au reste de cette division.

Exemple pour la première case de la première ligne :

- 632 / 26 = 24, reste 8.
- 24 + 8 = 32. Nous inscrirons 32 dans la première case du tableau de la figure 3, et ainsi de suite...

Figure 1
Carré magique
de Saturne.

4	9	2
3	5	7
8	1	6

Les carrés en grisé sont les maisons du Gabra.

155 x 4 = 620
620 + 12 = 632

155 x 8 = 1240

632/26 = 24
reste 8
24 + 8 = 32

Figure 3
Sceau
du psaume 8.

32	70	35
40	37	60
65	30	42

Total par ligne et colonne 137.

Figure 2
Valeur du psaume : 2337
2337/15 = 155 reste 12

632	1395	310
465	787	1085
1240	155	942

Le total de chaque colonne et de chaque ligne est égal à 2337.

Tables pour le sceau de l'intelligence du psaume.

24	53	11
17	30	41
47	5	36

Total par ligne et colonne 88.

53 / 26 = 2 (B) reste 1 (A)
30 / 26 = 1 (A) reste 4 (D)
41 / 26 = 1 reste 15 (O)
47 / 26 = 1 reste 21 (U)
36 / 26 = 1 reste 10 (J)

X	BA	K
Q	AD	AO
AU	E	AJ

Tables pour le sceau de la puissance du psaume.
Figure 4

8	17	24
23	7	19
18	25	6

Total par ligne et colonne 49.

H	Q	X
W	G	S
R	Y	F

PLANCHE 17

Figure 1
Clé de l'alphabet magique.

C L U	B K T	A J S
F O X	E N W	D M V
I R	H Q Z	G P Y

Carré de la puissance
en alphabet magique.

H	Q	X
W	G	S
R	Y	F

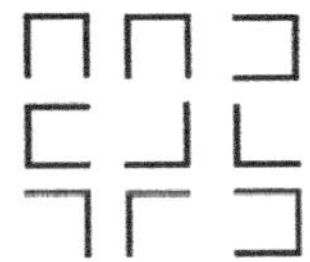

Sceau de la puissance
simplifié

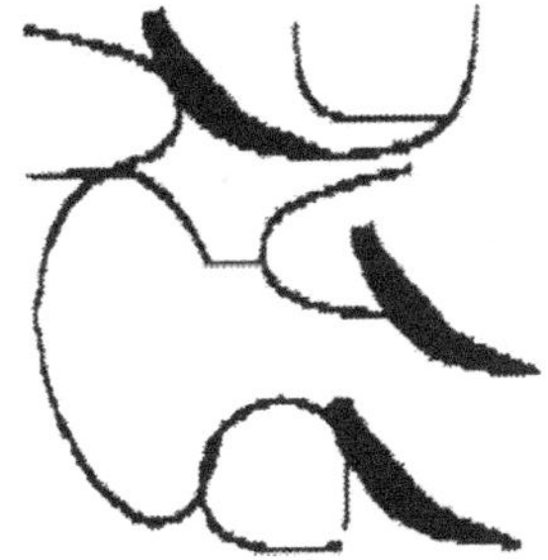

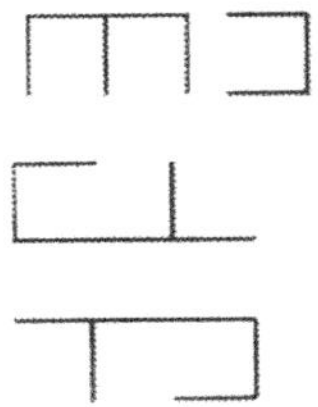

Concentration ligne 1

Concentration ligne 2

Concentration ligne 3

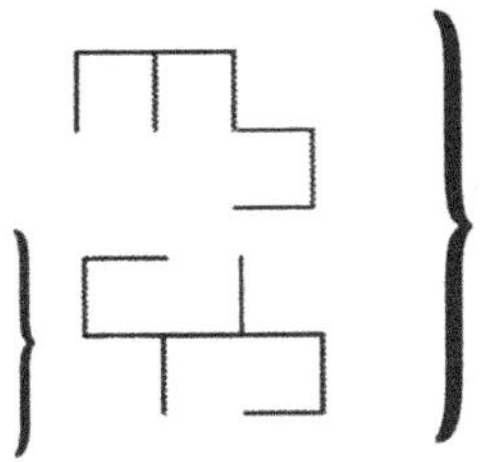

Signature
du psaume.

Figure 4

X	BA	K
Q	AD	AO
AU	E	AJ

Carré de la puissance
en alphabet magique.

Ligne 1

Ligne 2

Ligne 3

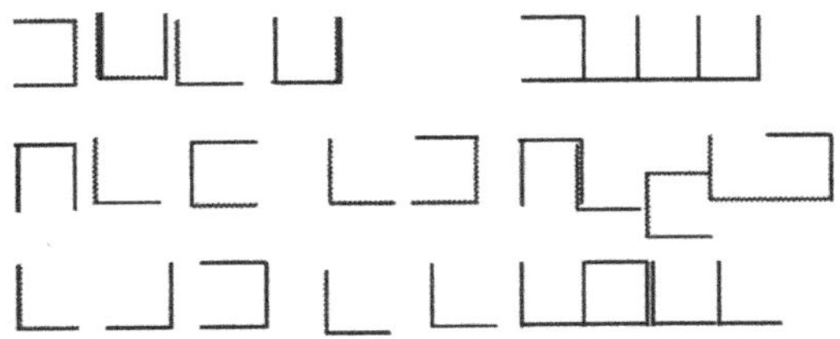

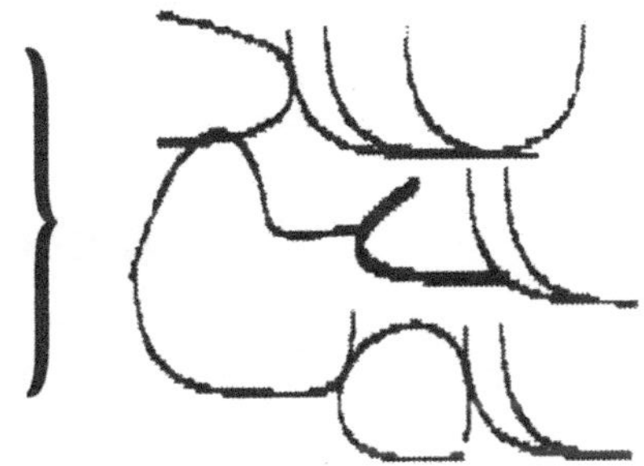

PLANCHE 18

Recto

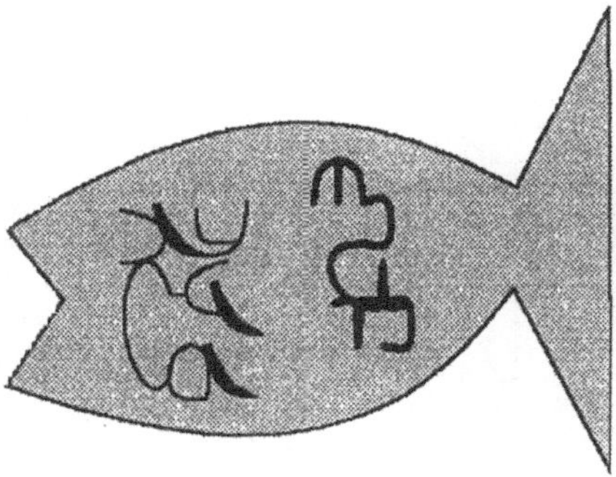

Verso

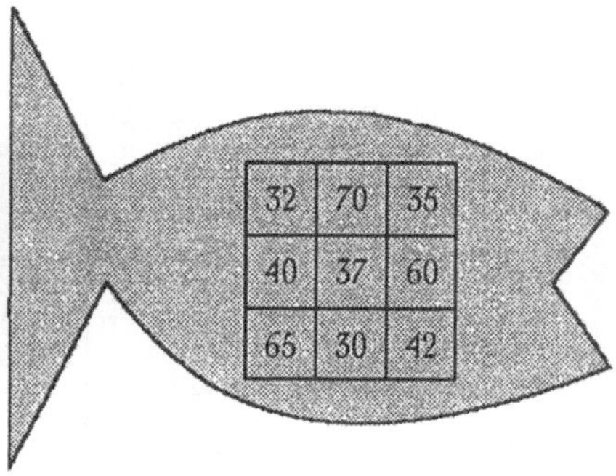

Recto

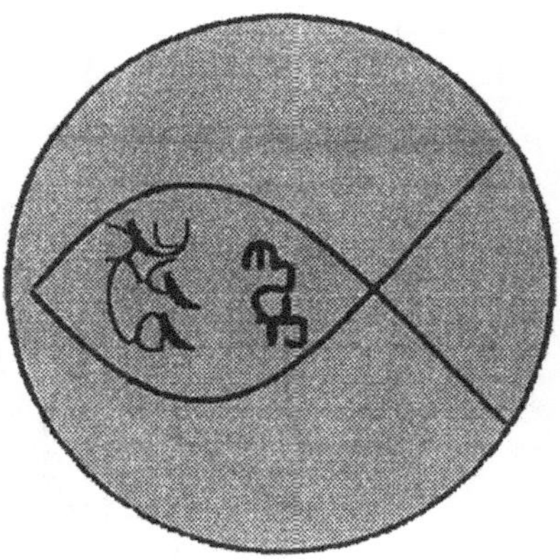

Verso

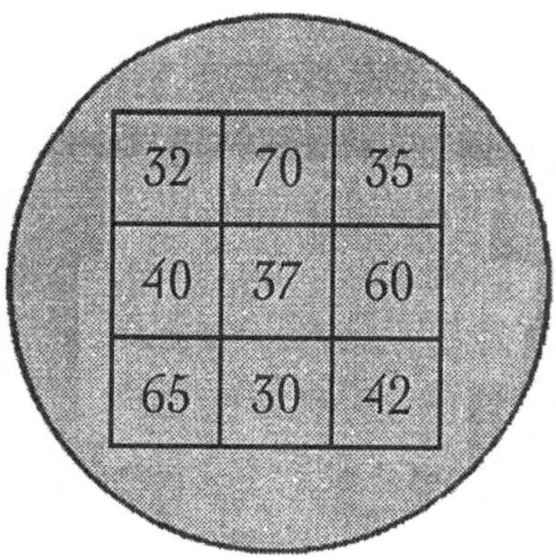

PLANCHE 19

- *Ce sont ces nombres que l'on gravera dans le sceau au centre du psaume.*

Réalisation du sceau de la puissance et de l'intelligence du psaume

- Pour réaliser ces sceaux, on tracera un tableau de 9 cases contenant toutes les lettres de l'alphabet (26 pour le français) – voir planche 18 figure 1.
- Ce tableau constitue la clé de l'alphabet magique. Dans cet alphabet, par exemple, les lettres D M V correspondent au signe « [» et les lettres F O X au signe «] ». Et ainsi de suite.

1) Pour le sceau de la puissance du psaume

- Il faut tracer une grille de 9 cases que l'on remplira avec les restes des divisions faites dans la troisième étape de calcul du sceau du psaume, puis traduire ce carré en lettres (figure 4). Notez que si vous travaillez dans une autre langue que le français, le 0 correspondra forcément à la dernière lettre.
- Ensuite, ce carré de lettres sera traduit en alphabet magique. On réduira enfin chaque ligne en accolant les lettres, puis on réunira les lignes elles-mêmes en les transformant en une série de courbes (consultez la planche 18).

2) Pour tracer le sceau de l'intelligence

On procédera de la même façon en utilisant les quotients des divisions par 26, mais lorsque dans une case de la table le nombre sera supérieur à 26, par exemple 53 dans la deuxième case de la première ligne, on écrira dans la case deux lettres et non une :

- À gauche, 53 / 26 = 2 nous donnera la lettre B ; le reste de la division est 1, nous écrirons donc dans cette case BA.
- On concentrera ensuite le sceau comme pour la puissance du psaume (consultez la planche 20).
- Le sceau de l'intelligence sera gravé à l'emplacement de l'œil du poisson de plomb et celui de la puissance près de sa bouche.

Il restera à calculer les cinq noms des esprits du psaume.

- Le nom de l'ange du psaume sera tiré de la valeur du total d'une colonne du sceau du psaume, dans notre cas 137.
- 100 = S.
- 30 = L.
- 7 = G. Cela nous donnera les trois lettres SLG auxquelles nous ajouterons la terminaison EL et la voyelle A pour obtenir le nom de l'ange SALAGEL (l'ange de l'élévation).

- Le nom de l'intelligence sera tiré de même de la valeur totale d'une colonne, dans notre cas 88.
- 80 = Q.
- 8 = H ce qui nous donnera le nom de l'ange QHEL (l'ange de la multitude).

Il en sera de même de la puissance du psaume qui sera obtenu par le même procédé, dans notre cas à partir de 49, et qui nous donnera le nom MIEL (l'ange qui inspire les questions justes).

Le nom du Daimon du psaume s'obtiendra par la somme des maisons du Gabra dans les 3 carrés :

- 24 + 30 + 36 + 8 + 7 + 6 + 32 + 37 + 42 = 222, ce qui nous donnera les lettres R, K, B. Nous ajouterons un A à ce nom pour le rendre prononçable et bien sûr la terminaison EL. Ce nom sera donc RAKABEL (c'est l'ange qui donne les « protecteurs des cavaliers »).

Enfin, le nom de Dieu correspondant au psaume sera tiré de la somme de :

- la première case de la première ligne du carré du psaume, 32 ;
- la troisième case de la deuxième ligne, 60 ;
- la deuxième case de la troisième ligne, 30 ;
- soit un total de 122, ce qui nous donnera le nom divin SOKABEL (dieu du repos).

Consécration du talisman

Pour consacrer ce talisman, il faudra vous procurer de l'encens en larmes et des petits poissons séchés.

- Vous réduirez un volume de poisson séché en poudre et vous y ajouterez trois volumes d'encens.
- Il vous faudra également des braises, trois baguettes de bois (des branches d'un doigt de diamètre feront l'affaire), un brûleur d'encens et un morceau de ficelle.
- Le samedi où vous avez gravé le talisman, une heure environ avant le coucher du soleil, liez les trois baguettes ensemble de façon à en former un trépied. Il faut que du nœud ainsi formé pende un long morceau de ficelle. À ce morceau de ficelle, attachez le poisson de plomb par la queue.
- Allumez les braises et placez-les sous le trépied auquel pend le poisson. La tête du poisson doit être au moins à 10 cm au-dessus des braises.
- Versez le mélange de poisson séché et d'encens sur les braises et lisez le psaume 8 jusqu'à ce que les braises soient consumées.
- Ajoutez de l'encens quand les braises cessent de fumer.

Quand vous ajoutez de l'encens et qu'il ne se consume plus, le talisman est consacré.

Psaume 8

1. Au chef des chantres. Sur la guitthith. Psaume de David. « Éternel, notre Seigneur ! Que ton nom est magnifique sur toute la terre ! Ta majesté s'élève au-dessus des cieux. »
2. « Par la bouche des enfants et de ceux qui sont à la mamelle, Tu as fondé ta gloire, pour confondre tes adversaires, pour imposer silence à l'ennemi et au vindicatif. »
3. « Quand je contemple les cieux, ouvrage de tes mains, la lune et les étoiles que tu as créées. »
4. « Qu'est-ce que l'homme, pour que tu te souviennes de lui ? Et le fils de l'homme, pour que tu prennes garde à lui ? »
5. « Tu l'as fait de peu inférieur à Dieu, Et tu l'as couronné de gloire et de magnificence. »
6. « Tu lui as donné la domination sur les œuvres de tes mains, Tu as tout mis sous ses pieds. »
7. « Les brebis comme les bœufs, Et les animaux des champs. »
8. « Les oiseaux du ciel et les poissons de la mer, Tout ce qui parcourt les sentiers des mers. »
9. « Éternel, notre Seigneur ! Que ton nom est magnifique sur toute la terre ! »

Mode d'emploi du talisman

Une fois que vous aurez consacré ce talisman, il faudra le porter durant sept jours enveloppé dans un linge violet sur votre cœur (dans la poche intérieure de votre veston, par exemple). Ensuite, si vous êtes pêcheur, vous le cacherez dans votre bateau. Si votre activité est spirituelle et que vous êtes « pêcheur d'âmes », alors vous le cacherez dans le lieu où vous délivrez votre enseignement spirituel. Enfin, si votre activité est spirituelle, mais que vous êtes itinérant, que vous n'avez pas de lieu d'enseignement, vous continuerez à le porter sur votre cœur.

Ceux qui porteront ce talisman sur eux doivent savoir qu'ils peuvent, la nuit, le placer près d'eux, par exemple sur leur table de nuit, et ceci est vrai même durant la période de sept jours où le port du talisman en complète la consécration. Une autre coutume veut que les pêcheurs attachent ce talisman à leurs filets.

Aspect pratique

Il est peu probable que vous ayez pu faire un talisman assez petit pour pouvoir le porter sur vous sans inconvénient. Par ailleurs, une plaque de plomb est fragile, et votre talisman pourrait bien être rapidement très abîmé. Sachez, dans ce cas, que les sceaux du psaume, de l'intelligence et de la puissance dessinés sur une plaque de plomb en forme de poisson ou même sur une médaille de plomb et simplement entouré d'un trait qui figure la forme d'un poisson, suffisent à résumer tout le talisman à condition bien entendu que vous possédiez le « talisman original ».

Cette médaille constitue alors une sorte de contremarque du talisman qu'en raison de sa taille on peut facilement porter sur soi.

Réalisation d'une contremarque

Suivant le modèle choisi (en forme de poisson ou de médaille), vous graverez sur une face le sceau de l'intelligence et de la puissance, et sur l'autre face le sceau carré du psaume. Notez qu'il n'existe plus ici de place précise pour le sceau de l'intelligence et de la puissance. Vous pouvez les graver l'un à côté de l'autre (consultez la planche 19). Cette contremarque sera portée pendue au cou dans un sachet de tissu violet (si possible de la soie).

Que faire du talisman original ?

Le talisman original sera dans ce cas conservé dans un endroit connu de vous seul, enveloppé dans un morceau de tissu violet et si possible sous clé, car jamais personne d'autre que vous ne doit le toucher.

Le sceau traditionnel de Saturne

Le sceau traditionnel de Saturne, dédié à Saturne fortuné, « aide à l'accouchement, rend l'homme sûr et puissant, et fait réussir ses demandes dans la cour des princes et des puissants ».

Mais prenez garde : si cette table était gravée sous l'influence de Saturne infortuné, « elle est (serait) contraire aux édifices, aux plantations, et semblables choses, fait (ferait) déchoir l'homme des honneurs, et des dignités ; elle fait des querelles et des discordes, et fait disperser les armées » (tradition résumée par Papus dans son *Traité méthodique de magie pratique*).

Que nos lecteurs soient donc prudents, et s'assurent, pour choisir la date à laquelle ils graveront ce sceau, le concours d'un astrologue qualifié. Une simple erreur de calcul astronomique inverse l'effet de ce talisman.

MATÉRIEL NÉCESSAIRE

- Une feuille de plomb.
- Une feuille de papier calque.
- Des crayons de papier.
- Un compas.
- Une pointe à tracer.
- Une éponge de laine d'acier, un chiffon, de l'eau et de la poudre à polir.
- Un pinceau et un vernis incolore pour métaux.
- Le concours d'un astrologue qualifié.

Choix du temps de la gravure

Le talisman doit être gravé un samedi à l'heure de Saturne. Mais attention, tous les samedis ne conviennent pas. Nous déconseillons formellement aux lecteurs qui ne connaissent pas l'astrologie d'entreprendre la confection de ce sceau, sauf s'ils peuvent s'assurer la collaboration d'un astrologue expérimenté et consciencieux. Il faut en effet que Saturne réponde, dans le ciel et par rapport à l'horoscope de l'utilisateur, à certaines conditions. Notez qu'il vaut mieux que l'utilisateur grave lui-même ce talisman, car si un graveur intervenait dans l'opération, il faudrait également tenir compte de sa carte du ciel pour choisir la date de l'opération. Voici donc ce que vous devez dire à l'astrologue. Et le langage que nous employons ici est vraiment destiné à l'astrologue et à lui seul (inutile de tenter de le comprendre si vous n'êtes pas vous-même astrologue, il est même dans ce cas inutile que vous le lisiez).

Instructions astrologiques

L'opération s'effectue un samedi à l'heure de Saturne, les conditions suivantes devant être remplies.

a) Dans le ciel du jour

- Saturne ne doit avoir aucun aspect céleste mauvais ou neutre avec les autres maléfiques (opposition, carré, conjonction). L'orbe prise en compte est de deux degrés (on ne tient pas compte des aspects mineurs).
- Il ne doit avoir aucun mauvais aspect céleste (opposition ou carré) avec les bénéfiques (Soleil, Lune, Vénus, Jupiter, Mercure). L'orbe prise en compte est de quatre degrés.
- Il doit présenter au moins une « application » à un bon aspect (trigone, sextile ou même semi-sextile) à Jupiter ou Vénus. L'orbe prise en compte est de six degrés pour le trigone et le sextile et de quatre degrés pour le semi-sextile.
- Saturne lui-même ne doit pas être à son point d'exaltation (ne pas confondre avec le signe d'exaltation) ni en exil, ni en voie combuste ou conjoint à une étoile fixe maléfique.

b) Par rapport au thème natal

Saturne ne doit pas s'appliquer à un mauvais aspect au Soleil, à Jupiter, à Vénus, à l'ascendant, à Mars, à Mercure ou au Milieu du Ciel du thème natal, et l'orbe prise en compte est de deux degrés[13].

Il doit appliquer à un aspect bénéfique au Soleil ou à Jupiter natal (s'il est fort dans le thème) ou à Vénus natale ou à l'ascendant ou au Milieu du Ciel. On prend ici en compte un orbe de six degrés.

c) Par rapport au ciel du jour comme par rapport au thème

Les aspects séparants ne seront pris en compte que dans la mesure où la planète la plus rapide n'est pas :

- pour les aspects maléfiques, dans l'orbe d'application à un aspect bénéfique ;
- pour les aspects bénéfiques, dans l'orbe d'application à un aspect maléfique.

13. Une orbe de deux degrés peut paraître faible, mais avec une orbe plus grande, vous risqueriez d'attendre une vingtaine d'années avant de pouvoir graver ce talisman... Si vous attendez, de plus, comme le conseille Paracelse, que le Soleil soit dans le premier degré du Taureau ou du Capricorne, il est bien possible que cette gravure ne soit possible que dans plus d'un siècle.

d) Autres précisions

Dans le cas de double application, un aspect maléfique l'emporte sur un aspect bénéfique sous réserve que la planète appliquante soit dans l'orbe. Il en est de même dans le cas d'une double séparation.

Enfin, bien que la tradition ne l'ait pas prévu, il serait prudent d'éviter que Saturne s'applique à un aspect maléfique à l'une des planètes modernes (Pluton, Neptune ou Uranus)

Fin des instructions astrologiques. L'observation importante qui suit est destinée à tous.

Le passage ci-dessus est relativement peu clair même pour la plupart des astrologues contemporains. C'est parfaitement volontaire. Nous vous conseillons de le photocopier et de le donner tel quel à votre astrologue. S'il ne le comprend pas immédiatement, c'est qu'il n'est probablement pas qualifié pour vous guider (ce qui ne signifie pas, par ailleurs, que ce n'est pas un bon astrologue). Il en est de même pour vous : même si vous pratiquez l'astrologie depuis de longues années, si vous ne comprenez pas le langage technique de ce passage, cherchez quelqu'un de plus qualifié que vous pour vous aider.

Ces instructions techniques auraient en revanche paru très élémentaires à un astrologue des siècles passés. Il est en effet remarquable que durant ce siècle, les astrologues occidentaux se sont dans leur grande majorité éloignés du savoir traditionnel auquel ils ont préféré la psychologie et la psychanalyse ; il en résulte que ce qui était autrefois la base du savoir de tous les astrologues est devenu l'apanage de quelques spécialistes. Malheureusement, ce sont ceux-là et ceux-là seulement qui seront en mesure de vous aider. Notez que, en revanche, la plupart des praticiens de l'astrologie hindoue comprendront parfaitement ces instructions et seront en mesure d'effectuer ce travail. Comme ce type d'astrologie est de plus en plus répandu en Occident, nous vous conseillons pour ce problème particulier de vous adresser directement à l'un d'eux. Cela présentera un avantage supplémentaire, le praticien d'astrologie hindoue ne devrait pas normalement être choqué par le travail que vous lui demandez, puisque lui-même, s'il a reçu une formation traditionnelle, devrait être un tantrika (un adepte du tantrisme) et par conséquent être capable de réaliser des sceaux tout à fait comparables en sanskrit.

Cofziel
Michathen
Boel
Datquiel
Pechnochan
Ieboin
6 1 8
7 5 3
2 9 4
A
B
C
D
E
F
G
H

SATURNE

PLANCHE 20

Instruction pour la gravure du talisman

Décalquez la planche 20 et reportez les dessins de cette planche sur le recto et le verso d'un cercle découpé dans une feuille de plomb que vous aurez préalablement passé à la laine d'acier et poli (avec un chiffon, de l'eau et de la poudre à polir).

Gravez profondément dans le plomb les dessins préalablement décalqués.

Ce talisman tenant son influence de l'heure à laquelle a été effectué le travail du métal, n'a pas obligatoirement besoin de consécration. Néanmoins, si vous n'avez pas préalablement exorcisé le plomb et consacré les outils, vous pouvez graver le talisman n'importe quel jour à n'importe quelle heure et le consacrer au moment favorable. C'est dans ce cas, au moment de sa consécration, qu'il « prendra les influences astrales ».

Le sceau doit être conservé enveloppé dans un carré de soie noire.

Chapitre III

Les autres opérations traditionnelles de la magie du plomb

La lettre de defixio

Pourquoi *defixio* ? *Defixio* est un mot latin qui est généralement traduit par « envoûtement ». Nous avons conservé le terme de *defixio* d'abord parce que, bien qu'il s'agisse d'un sort, très puissant, cette lettre ne correspond pas à ce que l'on doit appeler techniquement, en magie, un « envoûtement ». Nous l'avons conservé ensuite parce que cette technique est typique de la nécromancie païenne gréco-latine.

Usage de la lettre de defixio

La lettre de *defixio* peut servir à obtenir n'importe quoi de n'importe qui en faisant appel comme médium (intermédiaire) à l'assistance d'un défunt.

Quel qu'en soit le but, cette lettre est écrite (gravée) sur une feuille de plomb.

Si l'origine de la lettre de *defixio* est païenne, elle survit néanmoins sous de multiples formes dans les pays chrétiens.

En particulier, la coutume, autrefois fréquente dans certains lieux de pèlerinage, de cacher dans le sanctuaire une lettre destinée au saint lui demandant de préserver Untel de tel ou tel événement, présente toutes les caractéristiques de la lettre de *defixio*.

Principe de rédaction

La lettre de *defixio* est toujours adressée à un mort, et écrite sur une plaque de plomb, car on écrit aux morts sur un métal mort. Le décédé peut être un homme ou une femme quelconque ou quelqu'un qui, durant sa vie, a eu à remplir des fonctions en rapport avec la demande. C'était parfois aussi un héros (un homme ayant obtenu des divinités de l'Olympe le statut de demi-dieu) et sans nul doute, aux premiers siècles du christianisme, les saints martyrs ont porté dans l'invisible quelques lettres de *defixio*.

Voici un exemple de lettre de ***defixio*** adressée à un mort ordinaire.

« Ô untel, quand tu liras ces lettres, mais tu ne liras jamais ces lettres Ô untel, et X [nom de la personne visée] ne fera jamais de [procès... ou de toute autre chose] à Y [nom de la personne à préserver], mais Ô untel, de la même manière que tu gis ici inerte, de la même manière X tombera dans l'inertie et le néant. »

On remarquera que ceci n'est pas un envoûtement de mort. Chacun sait en effet que, un jour ou l'autre, X comme Y tomberont dans l'inertie et le néant. Le but n'est pas que X tombe dans le néant, le but est qu'il n'entame pas un procès ou toute autre démarche gênante pour Y. Si le but de l'opérateur avait été l'envoûtement et la mort, il aurait eu certainement recours à des formules bien plus colorées et surtout il aurait précisé une limite de temps, ou il aurait insisté sur la nécessaire proximité de cette issue fatale. L'opérateur veut seulement préciser que Y doit être, pour entreprendre cette action dont il veut se préserver, aussi impuissant durant sa vie qu'il le sera plus tard après sa mort.

En fait, la lettre de *defixio* est une pratique de nécromancie où le corps et l'esprit du mort jouent un rôle d'intermédiaire passif entre l'opérateur et les esprits chthoniens (les forces de l'intérieur de la Terre).

C'est à ces forces chthoniennes que l'on s'adresse à chaque fois qu'il faut « empêcher un événement » de se produire, une action de s'entreprendre ou de se poursuivre.

Ces lettres exigent bien entendu d'être rédigées d'une façon particulière.

Lorsque la lettre est adressée à un mort ordinaire, elle doit comparer le sort de ce mort (de son corps, de sa puissance sociale) à celui de la personne visée et de ses projets : « Comme toi qui es sous la Terre tu n'as pas atteint ton but, Untel n'atteindra pas non plus le but qu'il poursuit et que je précise ici. »

Ainsi, on peut écrire : « Comme ce corps ici gît, impuissant, que toutes les paroles et les actes visant Untel soient impuissants. »

Ce type de sort était beaucoup utilisé dans l'Antiquité pour les affaires d'amour et, en particulier, pour les opérations de séparation. Ainsi, on a trouvé dans les tombes grecques de l'époque classique des textes rédigés ainsi : « De la même manière que le corps qui gît ici ne peut ni parler ni dire mot, qu'Unetelle soit morte auprès d'Untel et ne puisse ni parler ni dire mot. »

L'un des grands avantages de la lettre de *defixio*, c'est que le sort jeté par ce moyen ne peut être levé qu'en trouvant la lettre et en la détruisant. Ajoutons que ce n'est pas un sort contraignant mais un sort incitatif qui a pour but d'inspirer à la personne visée l'idée que telle ou telle chose ne mérite pas les efforts qu'elle y consacre. Il est donc rarissime que l'on recherche une lettre de *defixio* pour lever le sort qu'elle représente.

La pratique moderne

Si les Anciens enterraient leurs lettres de *defixio* dans les tombes, certains de nos contemporains ont trouvé une pratique plus simple et tout aussi efficace. Ils modifient quelque peu le style de la lettre : « *Ô Untel*, de même que ton corps gît sous la terre, impuissant, de même… »

Considérant que la photo d'un être prise de son vivant reste liée occultement à lui-même après sa mort, ils fabriquent une petite boîte de bois doublée de plomb dans laquelle ils introduisent une photo du mort et leur lettre écrite sur une feuille de plomb. Ensuite, ils enterrent le tout profondément en un lieu perturbé par les forces telluriques. Ceci leur permet d'éviter les ennuis qui résulteraient de la découverte de leur lettre, car, dans le monde moderne, ce genre de courrier serait assimilé à une violation de sépulture, acte sévèrement réprimé par les tribunaux.

La conception de la lettre de *defixio* que nous décrivons ici se déroule donc en trois étapes :

- 1. repérage d'un lieu de perturbation tellurique ;
- 2. confection de la boîte ;
- 3. rédaction de la lettre.

Repérage d'un lieu de perturbation tellurique

Ici, deux solutions sont possibles :

- soit le lecteur est radiesthésiste, et dans ce cas nous lui conseillons de rechercher sur carte ou sur le terrain un lieu favorable à cette opération ;
- soit il ne l'est pas, et dans ce cas, il vaut mieux pour lui recourir à l'observation de la nature qu'au pendule.

Les lieux favorables présentent les caractéristiques suivantes.

Notez qu'une seule caractéristique suffit pour que le lieu soit caractérisé comme telluriquement perturbé.

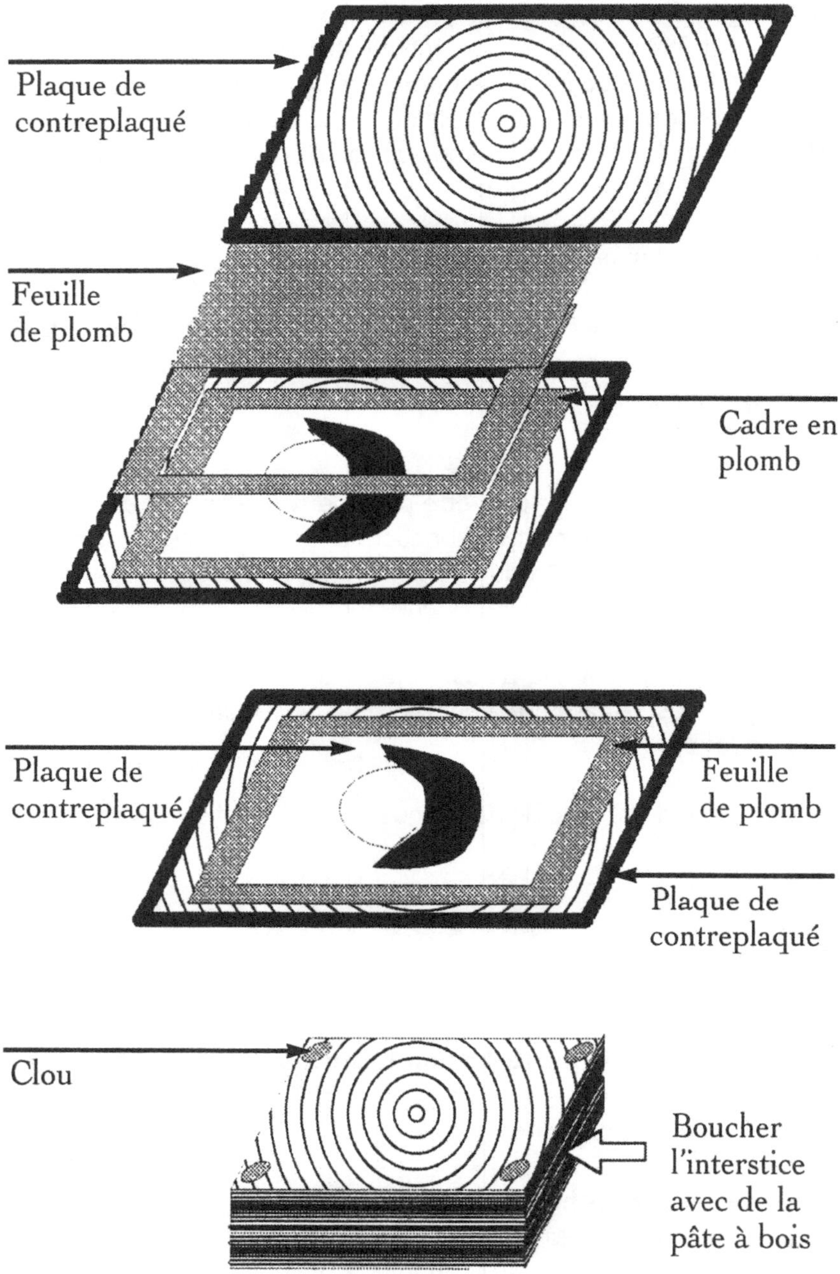
Plaque de contreplaqué
Feuille de plomb
Cadre en plomb
Plaque de contreplaqué
Feuille de plomb
Plaque de contreplaqué
Clou
Boucher l'interstice avec de la pâte à bois

PLANCHE 21

- Il pousse un arbre présentant des anomalies dans sa forme (par exemple des tumeurs au tronc).
- Il y a une fourmilière.
- Les chats se couchent souvent à cet endroit.
- Au milieu d'herbes d'une autre nature, il pousse à cet endroit un bouquet de chardons.

Fabrication de la boîte doublée de plomb

MATÉRIEL NÉCESSAIRE

- Une paire de forts ciseaux ou de cisailles.
- Du carton.
- De la pâte à bois.
- Quatre clous.

Réalisation

L'idéal serait de doubler une boîte de bois avec une boîte de plomb soudé. Ce travail étant bien trop difficile à réaliser pour un amateur, voici comment procèdent certains praticiens actuels.

- Ils se procurent deux plaques de contreplaqué de 1 cm à 1,5 cm d'épaisseur.
- Sur la plaque (que nous appellerons la plaque 1), ils posent une plaque de plomb plus petite que la plaque de bois d'environ 1 à 0,5 cm.
- Sur cette plaque, ils posent la photo de la personne à influencer.
- Dans le plomb, ils découpent un cadre plus petit d'environ 0,5 cm que la plaque 1 et encadrent la photo de la personne à influencer (la photo peut être pincée entre la plaque de plomb et le cadre).
- Sur la photo elle-même, ils posent la lettre de *defixio* écrite sur une plaque de plomb. La plaque sur laquelle elle est écrite doit tenir dans la partie intérieure du cadre.
- Par-dessus ce cadre, ils posent une seconde plaque de plomb identique à la première.
- Par-dessus cette plaque, ils posent une seconde plaque de contreplaqué identique à la plaque 1.
- Ayant préparé ce « sandwich », ils maintiennent le tout en place avec une presse à vis ou du ruban adhésif et enfoncent quatre clous aux quatre coins du sandwich en prenant bien soin que les clous ne touchent pas le plomb.
- Enfin, ils bouchent les interstices entre les deux planches avec de la pâte à bois.
- Le tout sera peint en noir et enterré le sommet du crâne tourné vers l'ouest dans un lieu propice.
- Consultez la planche 21 qui illustre ce procédé.
- Note : prenez bien soin de repérer sur l'extérieur de la boîte le sens de la photo.

Point pratique

La feuille de plomb est vendue en rouleau.

Il serait bien étonnant que lorsque vous la découperez en rouleau, vous réussissiez à l'aplanir.

Pour y parvenir, après l'avoir grossièrement aplanie, la meilleure solution est de serrer chaque plaque entre deux planches épaisses et bien lisses dans un puissant étau.

Rédaction et gravure de la lettre

- Il est prudent de faire un brouillon de votre lettre sur un papier.
- Il est obligatoire d'en apprendre le texte par cœur.
- Une fois que vous savez le texte de votre lettre absolument par cœur, préparez les éléments nécessaires à la confection de la boîte.
- Gravez ensuite la lettre en récitant constamment le texte que vous avez appris par cœur.

Procédez ensuite à la fermeture du « sandwich » puis à l'enterrement de la lettre.

Enterrement de la lettre

L'opérateur se rendra en silence sur le lieu préalablement choisi, muni des outils adéquats pour procéder à l'inhumation (pelle et pioche). Il prendra également avec lui une musette ou un sac contenant la boîte, une fiole de bon vin, une poignée de grains de blé.

Arrivé sur les lieux, il creusera un trou d'au moins deux coudées de profondeur (environ un mètre).

- Il placera la boîte au fond du trou.
- Sur la boîte, il jettera une pelletée de terre.
- Sur cette pelletée de terre, il versera la fiole de vin en disant : « Que ce vin, issu du raisin, soit rendu à notre mère la Terre. »
- Puis il versera les grains de blé en disant : « Que ce blé, qui naquit d'elle, soit rendu à notre mère la Terre. »
- Il refermera le trou en silence puis camouflera son travail soit avec des feuilles mortes, soit avec des mottes herbues. Enfin, il rentrera chez lui, sans se retourner.

La personne qui nous a confié ce rituel prend soin de faire dire une messe pour le défunt dont elle s'assure ainsi la collaboration involontaire... D'autres se contentent de dire une prière pour le repos de son âme.

Observation

Nos lecteurs doivent le savoir, ce rituel ne permet en aucun cas de nuire à qui que ce soit. Le but n'en est jamais la mort. Si les lettres anciennes font souvent référence à la passivité des cadavres, c'est seulement parce qu'ils veulent tuer non une personne mais un enchaînement d'événements. Faire arrêter un processus qui est pour eux dangereux. On vise à travers la *defixio* à détourner un individu d'une colère (même si elle est justifiée), à le faire revenir au calme.

Le message est en quelque sorte celui-ci : « Ce que tu me reproches est bien peu de chose par rapport à la mort que l'un comme l'autre nous subirons de toute façon » ou dans le cas de la magie sentimentale, « Untel que tu aimes tant n'est pas un dieu, il est mortel comme tous les autres hommes, alors pourquoi tant t'y attacher puisque Dieu peut te priver de lui (comme de n'importe qui d'autre) à tout instant ? »

Lorsque la *defixio* réussit, c'est ce genre de réflexions qui surgissent dans l'esprit de la personne visée ; et c'est là son seul effet. Elle sert à « dé-fixer » un esprit humain d'une intention ou d'une idée. En raison de cet aspect, on peut opérer la *defixio* en adressant la lettre à un saint ou à un maître défunt. En effet, puisqu'elle est destinée à provoquer le détachement, la *defixio* peut faire référence à la sérénité du maître ou du saint et à son détachement des choses terrestres. Dans ce cas, au lieu d'être enterrée, la *defixio* (pareillement préparée et plombée) peut être déposée près de la statue du saint ou du maître dans un oratoire privé.

Remarquez que dans ce cas, la nature du processus magique est quelque peu modifiée. En effet, dans le premier cas, le mort ou plutôt son corps n'était qu'un intermédiaire passif entre l'opérant et les forces invisibles, alors que dans le second cas, on s'adresse à un intermédiaire actif, doué d'une puissance propre dans l'invisible.

Peut-on aider les autres avec une lettre de *defixio* ?

Il est évident que oui, lorsqu'une certaine forme de détachement ou de passivité peut être pour eux d'un grand secours... Par exemple, on pourrait tenter d'aider un gourmand impénitent qui veut maigrir à se détacher de sa passion pour la nourriture en adressant une lettre de *defixio* soit à un défunt, soit à un sage réputé pour son ascétisme... Et on pourrait imaginer bien d'autres cas où la lettre de *defixio* serait un moyen d'aider son prochain.

Néanmoins, nos lecteurs doivent se rappeler qu'il faut mûrement réfléchir avant de tenter d'aider quelqu'un avec quelque moyen occulte que ce soit car, comme le dit la sagesse populaire, « l'enfer est pavé de bonnes intentions ». Si vous tentez d'aider quelqu'un, aidez-le pour lui, et non pour vous. Aidez-le en fonction de ce qu'il veut pour lui-même et non de ce que vous voulez pour lui. Aidez-le en fonction de ce qu'il pense et de ce qu'il croit et non en fonction de ce que vous pensez et de ce que vous croyez. Alors, peut-être votre aide ira-t-elle dans le bon sens.

Pourquoi précisons-nous cela à la suite de nos explications sur la *defixio* ? Tout simplement parce qu'il peut être, quoi que vous en pensiez, fort négatif pour l'avenir d'un individu de l'amener à une attitude de passivité ou de détachement quand celle-ci ne résulte pas de son évolution spirituelle personnelle : la *defixio* étant à la fois simple à réaliser et souvent très efficace, nous estimons utile de vous inciter à la prudence.

Le grand désensorcellement par le plomb

Le plomb est un magnifique instrument de désensorcellement. Pour procéder au désensorcellement, il vous faut d'abord vous protéger vous-même des « émanations fluidiques » qui résultent de l'envoûtement.

Pour cela, il vous faut fabriquer le grand pentacle opératif. Ce grand pentacle se fabrique en plomb. Il vous faut également une aube blanche et une cordelière noire ayant subi une préparation spéciale.

MATÉRIEL NÉCESSAIRE À LA FABRICATION DU PENTACLE

- Deux carrés de feuille de plomb de 50 cm sur 50 cm environ.
- Deux feuilles de carton de 50 cm sur 50 cm.
- Une planche de contreplaqué de 60 cm sur 60 cm.
- Des ciseaux ou des cisailles.
- Un ciseau à bois (avec une lame d'environ 5 mm de largeur).
- Un canif bien affûté, ou mieux un cutter d'atelier de bonne qualité.
- Une règle.
- Un compas à pointe sèche.
- Une règle.
- Une pointe à tracer.
- Du galon plat et noir du genre de celui utilisé par les couturières.
- L'appareil à prendre la mesure de la coudée décrit pour la fabrication du grand pentacle de Salomon (voir p. 39).

Épure du pentacle

- Le pentacle comporte deux faces : une face pectorale et une face dorsale. Ces deux faces mesurent chacune une coudée.
- Votre premier travail est donc de mesurer votre coudée personnelle, de la diviser en deux pour obtenir la demi-coudée, en six, pour obtenir la palme, puis de diviser cette palme en quatre pour obtenir le doigt.
- Reportez-vous pour ces opérations au chapitre décrivant la fabrication du « Grand pentacle de Salomon » (voir p. 39).

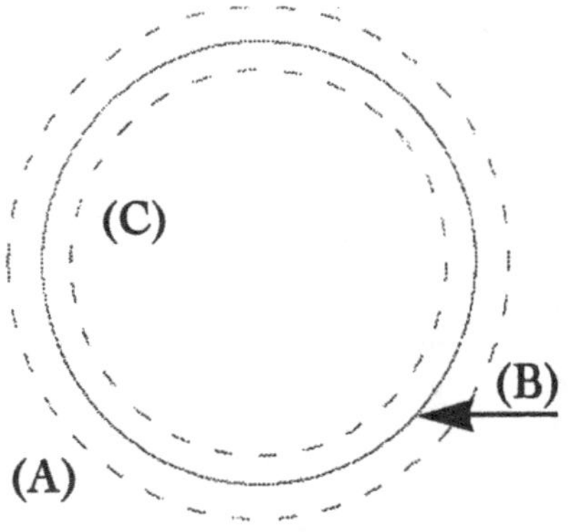

Figure 0

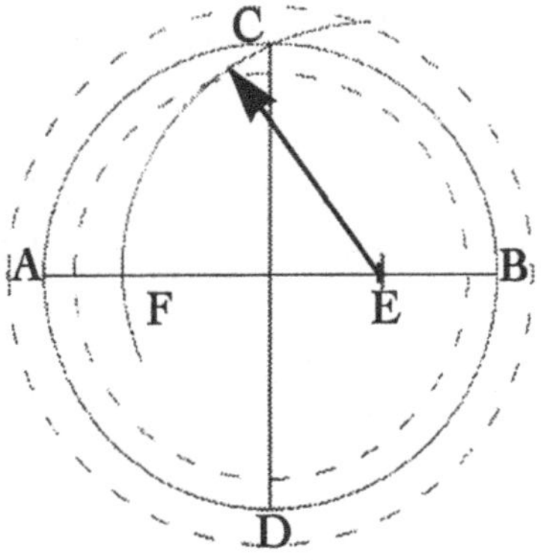

Figure 1

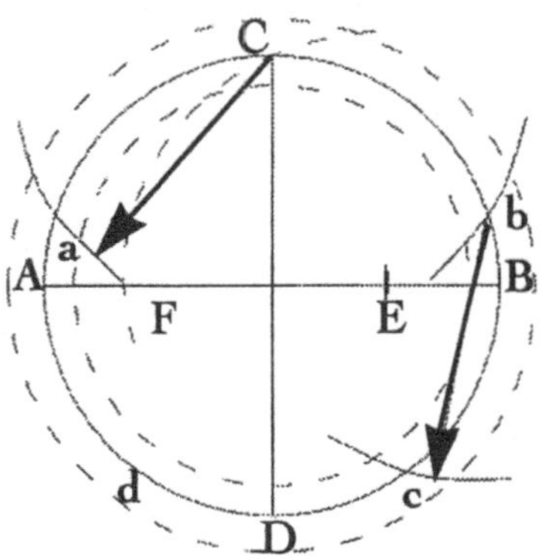

Figure 2

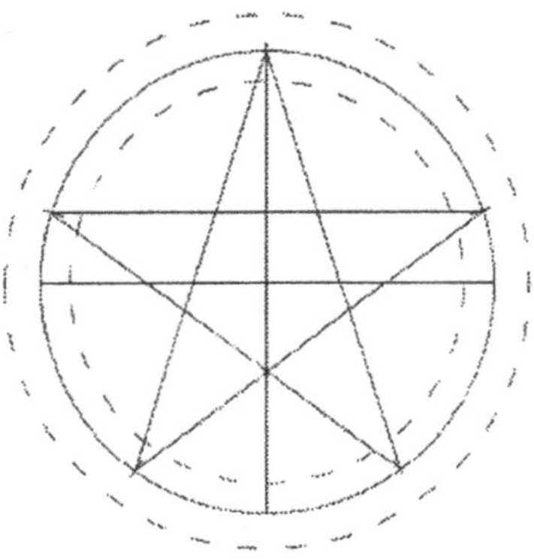

Figure 3

Figure 4. Le gabarit du pentacle en carton.

Figure 5. La face pectorale du pentacle terminée.

PLANCHE 22

Tracez d'abord les pentacles sur carton :

- Il faut tracer trois cercles concentriques dont les rayons sont : ½ coudée (A), ½ coudée – 3 doigts (B), une demi-coudée – une palme (C) et ce travail est à accomplir sur les deux feuilles de carton (planche 22, figure 0).
- Un conseil, tracez les cercles A et C au crayon et le cercle B à l'encre, cela vous évitera des erreurs par la suite.

La face pectorale du pentacle est un pentagramme cerclé.

- Tracez les diamètres A-B et C-D du cercle (B).
- Déterminez au compas E qui est le milieu de A-B.
- En prenant E pour centre et pour rayon E-C, tracez l'arc de cercle C-F (figure 1).
- Puis, avec une ouverture de compas égale à C-F, en prenant C pour centre, marquez sur le cercle (B) les points a et b. Avec la même ouverture de compas, prenez b pour centre et marquez le point c (figure 2).
- En prenant a pour centre, avec la même ouverture de compas, marquez le point d.
- Reliez d'un trait au crayon C à c, c à a, a à b, b à d, d à c (figure 3).
- Repassez à l'encre en traits épais le contour extérieur et intérieur du pentacle. Avec un poinçon, percez tous les points marqués d'un cercle blanc, sans oublier le centre du cercle.
- La figure 5 montre la face pectorale du pentacle telle que vous la découperez dans le plomb.

La face dorsale du pentacle est une étoile à six branches cerclée. Accomplissez le même travail pour réaliser le gabarit de la face dorsale.

- Tracez le rayon A-B.
- En prenant A pour centre et pour rayon le rayon du cercle B, déterminez les points a et b.
- En prenant B pour centre et avec le même rayon, déterminez les points c et d (planche 23, figure 1).

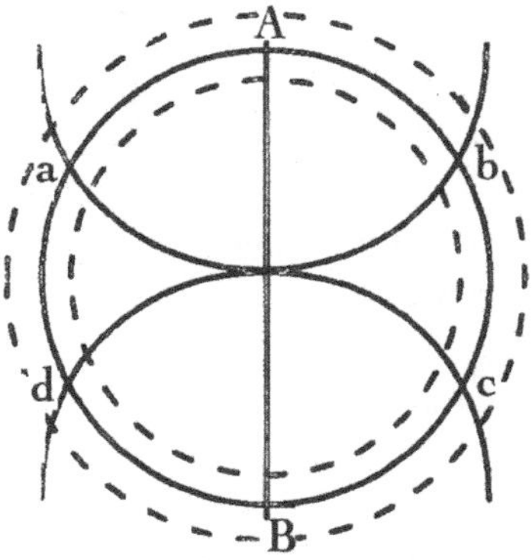

Figure 1

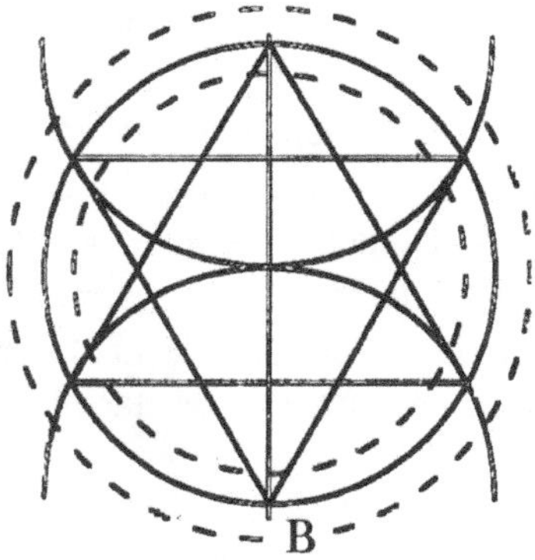

Figure 2

Figure 3

Figure 4. La face dorsale du pentacle terminée.

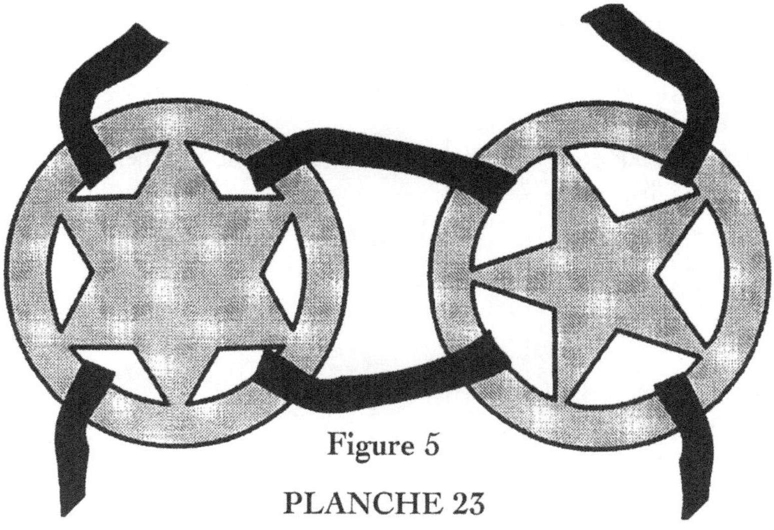
Figure 5

PLANCHE 23

Tracez les triangles a, A, b et c, B, d (figure 2)

- Repassez en traits plus épais à l'encre le contour du pentacle et, avec un poinçon, perforez le carton (comme vous l'avez fait pour l'étoile à cinq branches) à chaque sommet du gabarit et au centre du cercle.

Report du gabarit sur le plomb

- Fixez avec quatre punaises ou quatre clous la feuille de carton et la feuille de plomb superposées sur la plaque de contreplaqué.
- Avec le poinçon, en piquant dans chaque trou du gabarit, marquez légèrement le centre et profondément les autres points.

Coupez les coins du carton et enlevez-le.

- Avec le compas à pointe sèche, tracez le grand cercle A, puis les arcs de cercle A, a ; a, d, etc.
- Tracez ensuite à la pointe sèche (voire au cutter) les pointes de l'étoile.
- Votre tracé sur le plomb doit reproduire exactement le gabarit, sauf que les trous sont remplacés par des points gravés.

Découpage du pentacle

- Découpez au ciseau le grand cercle A.
- Aplanissez à nouveau le plomb qui a sûrement été déformé au cours de cette opération.
- Avec le canif ou le cutter, repassez sur les traits gravés en ne coupant à la fois que quelques millimètres de longueur de trait ; autrement dit, « chantournez » le dessin.

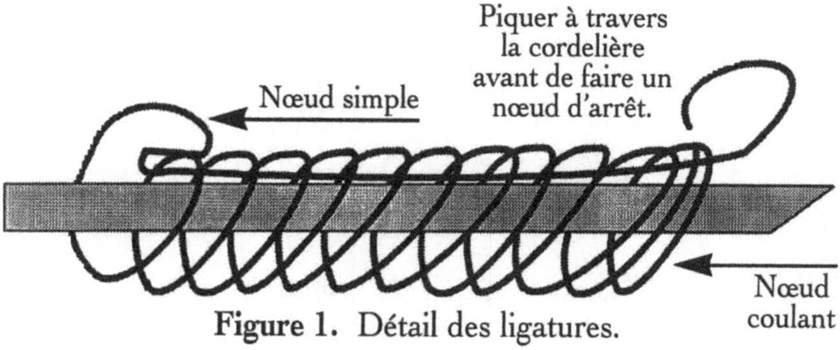

Figure 1. Détail des ligatures.

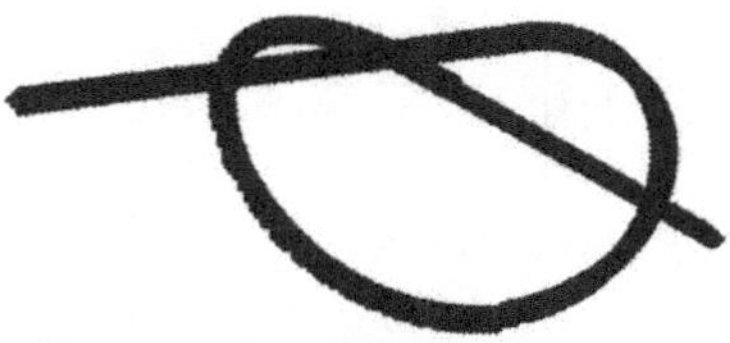

Figure 2. Détail d'un nœud.

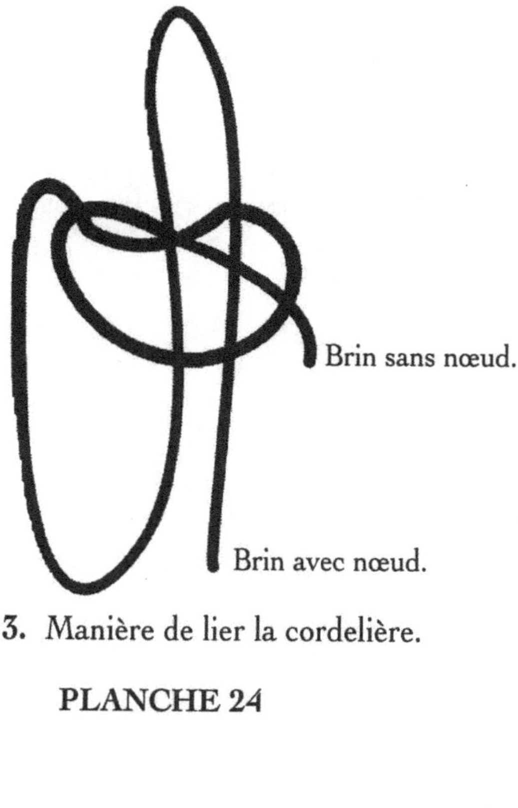

Figure 3. Manière de lier la cordelière.

PLANCHE 24

- Quand les traits de découpe sont bien profonds, continuez le travail en appuyant le tranchant du ciseau à bois dans le fond des sillons ainsi creusés. C'est en particulier avec cet outil que vous parviendrez à détacher les angles.
- Ce travail est à accomplir pour les deux faces du pentacle.

Réalisation du système d'attache

- On coudra aux emplacements indiqués par la figure 5 des morceaux de ruban noir qui constitueront le système d'attache du pentacle. Compte tenu de sa dimension, le pentacle s'attache à peu près au niveau de votre taille.
- Chaque face du pentacle devra être consacrée (reportez-vous au sacramentaire).

CHOIX ET PRÉPARATION DE LA CORDELIÈRE

IL VOUS FAUT :

- Trois mètres de cordelière.
- Une aiguille.
- Une bobine de fil ciré noir.

La cordelière doit mesurer environ une brasse, c'est-à-dire approximativement la longueur de votre envergure lorsque vous étendez les bras en croix.

- Son diamètre ne doit pas dépasser un doigt.
- Elle doit comporter aux deux extrémités un pompon de deux doigts de hauteur.
- À deux doigts au-dessus du pompon, faites un nœud simple.
- Faites six autres nœuds à une palme environ de distance du premier.
- La cordelière devra être consacrée (reportez-vous au sacramentaire).
- Notez que vous ne trouverez pas de cordelières toutes faites de cette longueur. Dans les grandes merceries, vous trouverez de la cordelière au mètre. Comme ce produit n'est pas cher, nous vous conseillons d'en acquérir trois mètres.
- À deux doigts d'une extrémité de la cordelière, faites une ligature serrée (planche 24, figure 1).
- À deux doigts de la ligature, faites le premier nœud.
- Puis faites les six autres nœuds à une palme de distance les uns des autres. Ces nœuds sont des nœuds simples connus sous le nom de « lacs d'amour » (figure 2).
- Prenez la mesure de la cordelière et, à une brasse de distance de la première ligature, faites la seconde ligature.
- Coupez la cordelière à deux doigts au-delà de la ligature.
- Défaites les fils de la cordelière pour obtenir les deux pompons.

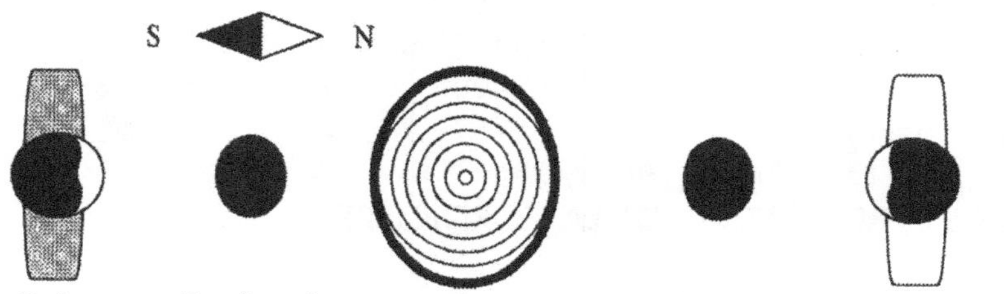

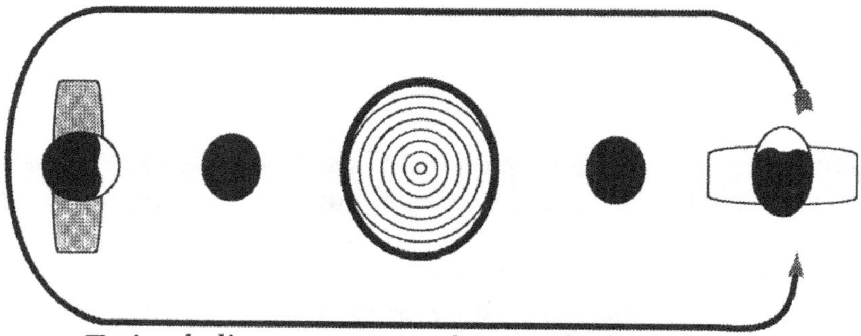

Trajet de l'opérateur pour la Bénédiction du lieu.

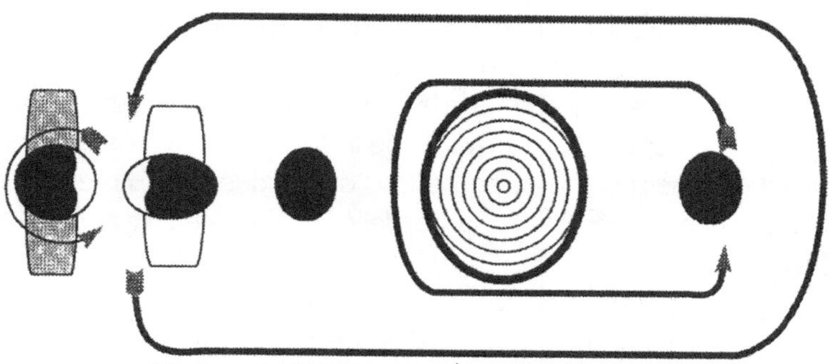

Trajet de l'opérateur durant l'exorcisme.

PLANCHE 25

La cordelière doit faire deux tours autour de votre taille ; le nœud qui la ferme est un lacs d'amour, mais le brin de la cordelière comportant les nœuds passe à l'intérieur du nœud en formant une boucle (figure 3).

IL VOUS FAUT ÉGALEMENT :

- Des carrés de plomb découpés dans de la feuille de plomb de 5 cm sur 5 cm environ.
- Un réchaud à gaz ou mieux à charbon de bois (les réchauds de camping à gaz conviennent parfaitement).
- Une casserole en inox ou en nickel pour fondre le plomb.
- Un récipient empli d'eau consacrée pour verser le plomb (évitez les récipients en matière plastique).
- De l'eau bénite (du sel consacré et de l'eau de source).

Pour le choix du récipient, notez que le récipient doit être assez profond afin que le plomb ait le temps de prendre une forme avant d'atteindre le fond du récipient.

Rituel du désenvoûtement immédiat par le plomb

- Prenez un carré de plomb exorcisé et consacré.
- Faites asseoir le patient au point A (consultez la planche 25).
- Placez devant le patient, à deux coudées longues, le réchaud (point B).
- Placez devant le réchaud le récipient empli d'eau.
- L'opérateur se placera devant le récipient et aura devant lui le brûle-parfum. Près du brûle-parfum, il posera un bouquet de buis béni ou, à défaut, quelques branchettes liées ensemble qui lui serviront de goupillon.
- L'opérateur prend les rameaux de la main gauche et va jusqu'au seau empli d'eau bénite, il trempe les rameaux dans le seau et fait le tour de la pièce.

On répète quatre fois de suite la première formule du rituel 7 en faisant le tour de la pièce et en aspergeant généreusement le sol et les murs.

Après l'aspersion, on dit : « Exaucez notre prière, Adonaï ha Kadosh, Père tout-puissant, Dieu éternel, et daignez envoyer des cieux votre saint ange, pour qu'il garde, soutienne, protège, visite et défende ce lieu ou cette pièce »

Puis il fera le tour de la pièce quatre fois avec l'encensoir en disant l'exorcisme approprié (voir le rituel 3).

Enfin, il commencera le désenvoûtement :

L'opérateur dit l'invocation de Salomon (rituel 14), puis, après un temps de silence, la conjuration des quatre (rituel 16).

Il procède ensuite au transfert :

1) Il marche jusqu'au patient et présente le plomb devant le sommet de son crâne

« Je te conjure et je t'ordonne, Belzébud, Thamaël, d'ordonner à tes légions qui infestent le corps de [mettre ici le nom] soit par leur présence soit par leurs œuvres, spontanément ou par commandement express, par le saint nom d'Eieh, par le saint nom de Keteriel, par les quatre animaux divins qui ont des yeux en avant et en arrière, par le premier mobile Reshit hagalgalim, de quitter le corps de [mettre ici le nom], fils [ou fille] de [mettre ici les noms des parents], et de se réfugier à l'instant même dans la demeure que je leur offre, ou de se retirer en Gehenomoth pour ne plus jamais en sortir. Sinon j'ordonnerai par le saint nom de l'Éternel à l'archange Michaël de vous précipiter toi et toutes tes légions dans l'étang de soufre et de feu qui vous est réservé dès avant la fin des temps. »

Un temps de silence.

Il présente le plomb devant le front du patient.

« Je te conjure et je t'ordonne, Python, Chaïgidel, d'ordonner à tes légions qui infestent le corps de X soit par leur présence soit par leurs œuvres, spontanément ou par commandement express, par le saint nom de Iod Tétragramaton, par le saint nom de Hokmael, par les Roues de Lumière qui tournent et resplendissent, par les innombrables légions d'anges qui ne cessent de chanter en tremblant avec l'ardeur du Feu que « Saint Saint Saint est le Seigneur, le Dieu des Armées. Les Cieux et la Terre sont emplis de sa gloire Hosanna au plus haut des Cieux », de quitter le corps de [mettre ici le nom], fils [ou fille] de [mettre ici les noms des parents], et de se réfugier à l'instant même dans la demeure que je leur offre, ou de se retirer en Gehenoum pour ne plus jamais en sortir. Sinon, j'ordonnerai par le saint nom de l'Éternel à l'archange Michaël de vous précipiter toi et toutes tes légions dans l'étang de soufre et de feu qui vous est réservé dès avant la fin des temps. »

Il fait accomplir au plomb le tour de la tête du patient à cette hauteur.

2) Il présente le plomb devant la gorge du patient

« Je te conjure et je t'ordonne, Bélial, Satoriel, d'ordonner à tes légions qui infestent le corps de [mettre ici le nom] soit par leur présence soit par leurs œuvres, spontanément ou par commandement express, par le saint nom de Iaoh, par le saint nom de Binael, par le trône sur lequel est assis le Seigneur et par la cour céleste sur laquelle il règne, par l'ordre des Aralim, de quitter le corps de [mettre ici le nom], fils [ou fille] de [mettre ici les noms des parents], et de se réfugier à l'instant même dans la demeure que je leur offre, ou de se retirer en Gehenne pour ne plus jamais en sortir. Sinon, j'ordonnerai par le saint nom de l'Éternel à l'archange Michaël de vous précipiter toi et toutes tes légions dans l'étang de soufre et de feu qui vous est réservé dès avant la fin des temps. »

Il fait accomplir au plomb le tour de la tête du patient à cette hauteur.

3) Il présente le plomb devant le milieu de la poitrine du patient

« Je te conjure et je t'ordonne, Méririm, Tagarinim, d'ordonner à tes légions qui infestent le corps de [mettre ici le nom] soit par leur présence soit par leurs œuvres, spontanément ou par commandement express, par le saint nom de El Gibor, par le saint nom de Tiphériel, par l'astre du Jour, par Shemeah, par tout ce qui existe, et par toutes les vertus qui y sont encloses, par le saint ordre des Malakim, de quitter le corps de [mettre ici le nom], fils [ou fille] de [mettre ici les noms des parents], et de se réfugier à l'instant même dans la demeure que je leur offre, ou de se retirer en Bertshoat pour ne plus jamais en sortir. Sinon, j'ordonnerai par le saint nom de l'Éternel à l'archange Michaël de vous précipiter toi et toutes tes légions dans l'étang de soufre et de feu qui vous est réservé dès avant la fin des temps. »

Il fait le tour du patient en présentant toujours le plomb face à son corps à cette hauteur.

4) Il présente le plomb face à la saignée du coude droit

« Je te conjure et je t'ordonne, Asmodée, Ganichiloth, d'ordonner à tes légions qui infestent le corps de [mettre ici le nom] soit par leur présence soit par leurs œuvres, spontanément ou par commandement express, par le saint nom de El, par le saint nom de Hoesediel, par le saint nom de Tsedeck, le régulateur des astres errants, par le Saint Ordre des Hasmalim, de quitter le corps de [mettre ici le nom], fils [ou fille] de [mettre ici les noms des parents], et de se réfugier à l'instant même dans la demeure que je leur offre, ou de se retirer en

Olozomoth pour ne plus jamais en sortir. Sinon, j'ordonnerai par le saint nom de l'Éternel à l'archange Michaël de vous précipiter toi et toutes tes légions dans l'étang de soufre et de feu qui vous est réservé dès avant la fin des temps. »

Il présente le plomb face à la saignée du coude gauche.

« Je te conjure et je t'ordonne, Shatan, Galab, d'ordonner à tes légions qui infestent le corps de [mettre ici le nom] soit par leur présence soit par leurs œuvres, spontanément ou par commandement express, par le saint nom d'Agla, par le saint nom de Geburael, par le saint nom de Madim, maître de la puissance céleste, par le saint ordre des Séraphim, de quitter le corps de [mettre ici le nom], fils [ou fille] de [mettre ici les noms des parents], et de se réfugier à l'instant même dans la demeure que je leur offre, ou de se retirer en Israthoum pour ne plus jamais en sortir. Sinon, j'ordonnerai par le saint nom de l'Éternel à l'archange Michaël de vous précipiter toi et toutes tes légions dans l'étang de soufre et de feu qui vous est réservé dès avant la fin des temps. »

Il fait le tour du patient en présentant toujours le plomb face à son corps à cette hauteur.

5) Il présente le plomb face au sexe du patient

« Je te conjure et je t'ordonne, Mammon, Gamaliel, d'ordonner à tes légions qui infestent le corps de [mettre ici le nom] soit par leur présence soit par leurs œuvres, spontanément ou par commandement express, par le saint nom de Shadaï, par le saint nom de Yesodiel, par le saint nom de Levanah, qui préside à l'écoulement des temps, par le Saint Ordre des Keroubim de quitter le corps de [mettre ici le nom], fils [ou fille] de [mettre ici les noms des parents], et de se réfugier à l'instant même dans la demeure que je leur offre, ou de se retirer en Shéol pour ne plus jamais en sortir. Sinon, j'ordonnerai par le saint nom de l'Éternel à l'archange Michaël de vous précipiter toi et toutes tes légions dans l'étang de soufre et de feu qui vous est réservé dès avant la fin des temps. »

Il fait le tour du patient en présentant toujours le plomb face à son corps à cette hauteur.

6) Il présente le plomb face au genou droit

« Je te conjure et je t'ordonne, Abbadon, Harab Séraphel, d'ordonner à tes légions qui infestent le corps de [mettre ici le nom] soit par leur présence soit par leurs œuvres, spontanément ou par commandement express, par le saint nom de Tétragramaton Sabaoth, par le saint nom de Netzahel, par le saint nom de Noga, dispensatrice de la bonté divine, par le Saint Ordre des Élohïm de quitter le corps de [mettre ici le nom], fils [ou fille] de [mettre ici les noms des parents], et de se réfugier à l'instant même dans la demeure que je leur offre, ou de se retirer en Tit Aïsoun pour ne plus jamais en sortir. Sinon, j'ordonnerai par le saint nom de l'Éternel à l'archange Michaël de vous précipiter toi et toutes tes légions dans l'étang de soufre et de feu qui vous est réservé dès avant la fin des temps. »

Il présente le plomb face au genou gauche.

« Je te conjure et je t'ordonne, Astharoth, Samaël, d'ordonner à tes légions qui infestent le corps de [mettre ici le nom] soit par leur présence soit par leurs œuvres, spontanément ou par commandement express, par le saint nom de Élohïm Sabaoth, par le saint nom de Hodiel, par le saint nom de Kokab, dispensateur des richesses divines, par le Saint Ordre des Béni Élohïm de quitter le corps de [mettre ici le nom], fils [ou fille] de [mettre ici les noms des parents], et de se réfugier à l'instant même dans la demeure que je leur offre, ou de se retirer en Abron pour ne plus jamais en sortir. Sinon, j'ordonnerai par le saint nom de l'Éternel à l'archange Michaël de vous précipiter toi et toutes tes légions dans l'étang de soufre et de feu qui vous est réservé dès avant la fin des temps. »

Il fait le tour du patient en présentant toujours le plomb face à son corps à cette hauteur.

7) Il présente le plomb face aux deux pieds joints

« Je te conjure et je t'ordonne, Behemoth, Reschaim, d'ordonner à tes légions qui infestent le corps de [mettre ici le nom] soit par leur présence soit par leurs œuvres, spontanément ou par commandement express, par le saint nom d'Emmanouel que porta notre Seigneur Jésus Christ quand il s'incarna pour sauver le monde de tes œuvres, par le saint nom de Holomiésodoth, par tous les Élus que le Seigneur s'est choisis dès avant la création des mondes, par le Saint Ordre des Izchim de quitter le corps de [mettre ici le nom], fils [ou fille] de [mettre ici les noms des parents], et de se réfugier à l'instant même dans la demeure que je leur offre. Sinon, j'ordonnerai par le saint nom de l'Éternel à l'archange Michaël de vous précipiter toi et toutes tes légions dans l'étang de soufre et de feu qui vous est réservé dès avant la fin des temps. »

Il fait le tour du patient en présentant toujours le plomb face à son corps à cette hauteur.

L'opérateur revient à sa place.

Il dit, en tenant le plomb dans ses mains réunies en coupe, le rituel 9.

Il s'avance jusqu'au réchaud portant la casserole et jette le plomb dans celle-ci.

Quand le plomb est fondu, il le verse d'un seul coup dans le seau d'eau.

Il interprète les dessins qui se sont formés à la surface de l'eau (s'il y a lieu) puis la forme de la flaque de plomb qui s'est formée au fond du récipient (voir p. 87). Le plomb est récupéré avec une écumoire et déposé sur un chiffon noir. On peut se livrer, à ce moment-là, à une interprétation plus précise. Montrez toujours le plomb au patient, il se peut qu'il voie ou reconnaisse quelque chose qui vous échappe.

Notez qu'il existe deux autres façons de désenvoûter par le plomb.

Deuxième méthode

On confie au patient un morceau de plomb qu'il doit porter sur lui durant 21 jours. Ensuite, on revêt l'aube, la cordelière, le pentacle, et on procède à la fusion du plomb et à son immersion dans l'eau bénite. C'est selon ce procédé que l'on détruira également les pentacles qui présentent des signes d'attaques maléfiques.

Restera à interpréter les signes donnés par le plomb jeté dans l'eau.

Troisième méthode

Au lieu d'utiliser un carré de plomb, on en utilise sept.

Le rituel est rigoureusement le même, mais à chaque fois que nous indiquons : « Il fait le tour du patient en présentant toujours le plomb face à son corps à cette hauteur », l'opérateur fait sept tours avec le plomb autour du patient (par exemple, sept tours au niveau du front). Il revient à sa place, et procède à la destruction du plomb selon le rituel ; puis il recommence avec un second carré de plomb et accomplit avec le plomb sept tours au niveau de la gorge... et ainsi de suite.

Dans ce cas, on ne commencera l'interprétation qu'après avoir fondu et versé dans l'eau les sept carrés de plomb.

Notez que ce procédé est surtout utilisé quand il est important de connaître les causes du maléfice. Sept morceaux de plomb ne dégagent ni mieux ni plus mal qu'un seul (la quantité n'a rien à y voir), mais ils donnent sept fois plus d'informations.

En fin d'opération, les plombs seront enveloppés dans le chiffon noir et on demandera au patient d'aller les jeter dans une rivière ou un fleuve. Cette méthode était utilisée autrefois, mais aujourd'hui, il est préférable de procéder comme nous l'avons indiqué en page 14.

Chapitre IV

La divination par le plomb

Cette divination nous intéresse surtout parce qu'elle permet, en détruisant un plomb par le feu et par l'eau, de déterminer les causes d'un maléfice. En tombant dans l'eau, le plomb bouillant forme des figures complexes, c'est de leur examen attentif que nous allons tirer nos présages. La forme de la plaque de plomb est généralement circulaire ou ovale.

Les formes générales des gouttes de plomb.

Interprétation de la forme générale de la plaque

La plaque se rapproche du cercle parfait (A)

Plus la plaque se rapproche du cercle parfait, plus la personne est équilibrée, stable, solide. Dans le cas d'une victime de maléfice, cette forme signifie une atteinte légère et de bonnes capacités de résistance du patient.

La plaque est étirée horizontalement (B)

L'étirement de la plaque dans ce sens est significatif de dispersion ou d'activités multiples. Par exemple, un homme d'affaires qui exerce ses activités dans de nombreux domaines, obtiendra une plaque étirée dans le sens de la largeur. Dans le cas d'un maléfice, cela signifie que le maléfice a provoqué de nombreux ennuis ou difficultés matérielles qui ont obligé le patient à se disperser.

La plaque est étirée verticalement (C)

L'étirement de la plaque dans le sens vertical signifie que les liens entre le corps physique et les corps subtils du patient ont été étirés. Cela peut signifier soit une démarche spirituelle, soit une atteinte par le maléfice à la liaison entre les corps subtils et le corps physique.

Très souvent, les plaques auront des formes mixtes, plusieurs gouttes de plomb s'étant soudées ensemble en tombant. C'est ce phénomène qui nous permettra d'interpréter ces formes.

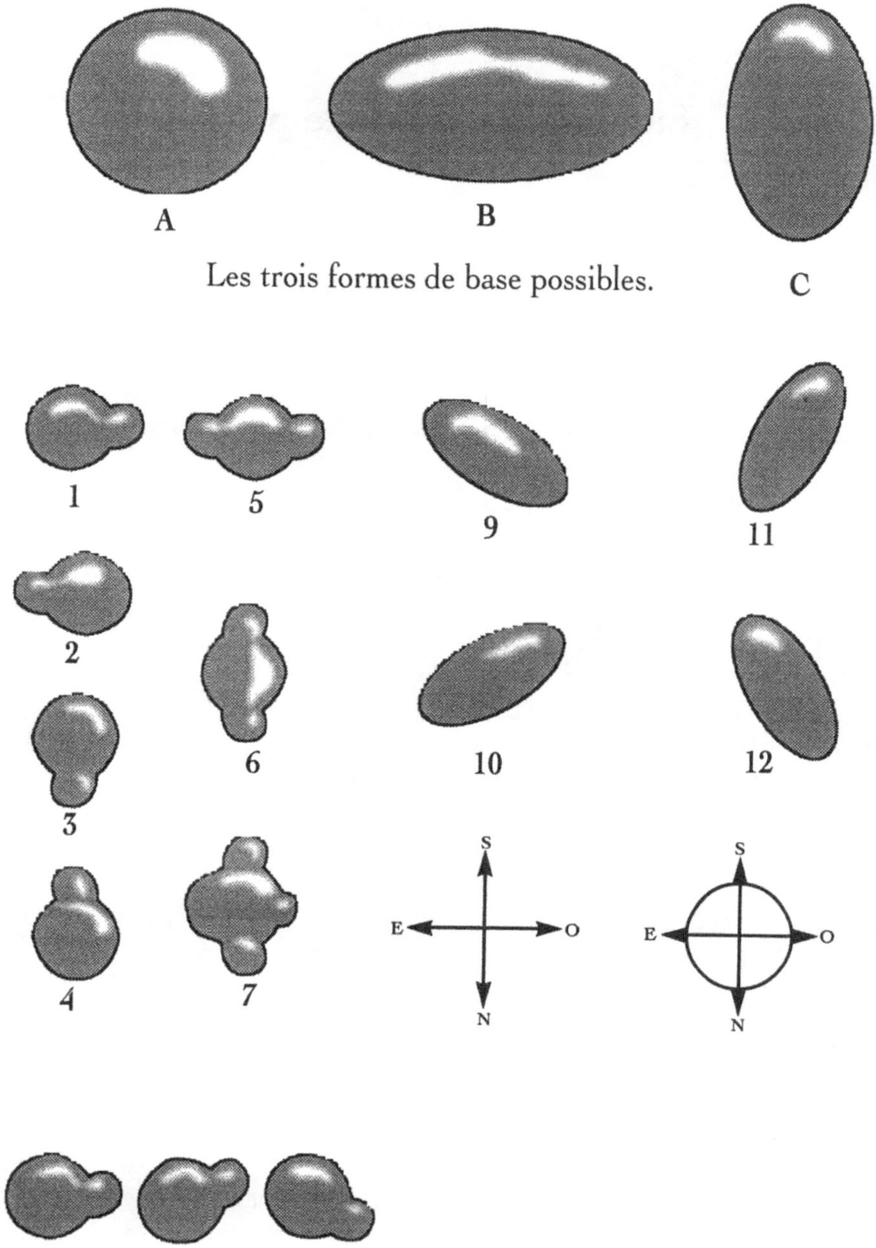

PLANCHE 26
Les formes générales des gouttes de plomb.

Interprétation des gouttes

Combinaison de deux gouttes tournées vers l'ouest

- Il faut en conclure une tendance morbide, quelque chose qui pousse vers la vieillesse et la mort
- Si la goutte principale a la forme A (le cercle) : cette tendance est marginale et reste extérieure à la personnalité ; elle vient éventuellement de l'environnement.
- Si la goutte principale a la forme B (l'ovale horizontal) : l'atteinte est plus profonde, et la dispersion (qui se déduit de la forme de la goutte principale) entraîne une sorte de « déprime », de sentiment d'impuissance, de perte de forces.
- Si la goutte principale a la forme C (l'ovale vertical) : il faut en conclure à une atteinte physiologique ou psychique résultant de l'étirement des liens entre les corps subtils et le corps physique.

La goutte secondaire peut être :

- parfaitement horizontale – l'atteinte se situe sur le plan matériel (affaire, argent, santé) ;
- nettement orientée vers le haut (zénith) – le pronostic est favorable, l'atteinte, même si elle est rude, entraînera de toute façon dans l'avenir un mûrissement spirituel ;
- nettement orientée vers le bas – le pronostic est défavorable, l'atteinte conduit l'individu à lutter à contre-courant, les choses sont en cours d'aggravation.
- Remarque : si la forme générale de la goutte et les dessins formés par les dentelures et les bulles permettent de l'assimiler à un visage, celui-ci représente l'envoûteur (dans le cas d'un maléfice).

Combinaison de gouttes tournée vers l'est

- L'individu se persuade qu'il est « mieux que les autres », qu'il marche vers la lumière au milieu des ténèbres et éventuellement, lorsqu'il s'agit de maléfice, au milieu des atteintes maléfiques. Ceci peut être vrai, mais peut aussi traduire une perte de réalisme.
- Si la goutte principale a la forme A (le cercle) : cette tendance est marginale et reste extérieure à la personnalité, elle vient éventuellement de l'environnement ; l'individu peut avoir été poussé à rechercher l'aide d'un mouvement spiritualiste ou d'un maître. Cela n'exclut pas que le mouvement dit spiritualiste puisse être une bande d'escrocs (ou de malades mentaux) ou le maître un faux gourou…

- Si la goutte principale a la forme B (l'ovale horizontal) : l'atteinte est plus profonde, et la dispersion (qui se déduit de la forme de la goutte principale) entraîne une sorte de sentiment de supériorité, l'individu a l'impression d'embrasser tous les domaines possibles, il survole tous les sujets sans s'attacher à aucun.
- Si la goutte principale a la forme C (l'ovale vertical) : il faut conclure à une atteinte psychique résultant de l'étirement des liens entre les corps subtils et le corps physique. L'individu se tourne vers une forme de mysticisme qui peut être illusoire (mais ce n'est pas obligatoire).

La goutte secondaire peut être :

- parfaitement horizontale – la réaction est superficielle et se traduit surtout par des attitudes extérieures, c'est probablement un « passage », une attitude temporaire qui permet d'échapper momentanément aux problèmes ;
- nettement orientée vers le haut (zénith) – le pronostic est défavorable, tout cela n'est qu'illusion, l'individu va croire avoir échappé à ses ennuis ou avoir dominé ses problèmes, mais le retour à la réalité sera très dur ;
- nettement orientée vers le bas – le pronostic est favorable, l'individu se dirige vers une mort initiatique d'où il renaîtra purifié, plus fort et mieux armé.
- Remarque : si la forme générale de la goutte et les dessins formés par les dentelures et les bulles permettent de l'assimiler à un visage, celui-ci représente le maître ou la personne qui a poussé le sujet dans cette voie.

Combinaison des gouttes tournées vers le nadir

Cette composition dénote un repli sur soi-même, soit dans le but d'un « recentrage » fructueux, soit une coupure des communications avec l'entourage et la société. Il faut l'interpréter en fonction des formes qui l'entourent ou des formes internes.

- Si la goutte principale a la forme B (l'ovale horizontal) : il faut la traduire comme un repli des activités matérielles ou intellectuelles.
- Si la goutte principale a la forme C (l'ovale vertical) : c'est une « descente de la conscience », un processus tout intérieur qui peut être soit une démarche spirituelle, soit un effet pathologique.

La goutte secondaire peut être :

- nettement orientée vers l'est – c'est un repli vers la condition fœtale, une régression.
- nettement orientée vers l'ouest – c'est un abandon de ses responsabilités, quelque chose du style « je suis trop vieux, trop fatigué » comme si l'individu n'attendait plus que la mort ou la maladie.

Combinaison de gouttes orientées vers le zénith

Cette composition est généralement positive. Elle traduit un détachement par le haut : le sujet devient indifférent à « ces petites choses » pour leur préférer des préoccupations spirituelles.

- Si la goutte principale a la forme B (l'ovale horizontal) : il faut traduire cette figure comme une « prise de hauteur » permettant d'avoir une vue globale d'une situation et une juste appréciation des problèmes.
- Si la goutte principale a la forme C (l'ovale vertical) : le détachement ne s'accompagne pas d'un examen des problèmes, la situation est abandonnée à elle-même et la « prise de hauteur » est toute spirituelle.

La goutte secondaire peut être :

- nettement orientée vers l'est – l'individu se ressource spirituellement, cette « montée » sera suivie d'une descente et d'une prise en main des affaires ou de la situation.
- nettement orientée vers l'ouest – l'individu « redescendra », mais laissera « pourrir la situation ». Cette « prise de hauteur » n'est qu'un répit dans ses difficultés.
- Une figure se compose de plusieurs gouttes ou flaques mêlées (figures 6, 7, 8).
- Si la figure formée représente un objet ou un symbole quelconque, l'interprétation qui en résulte l'emporte sur la signification générale de ce conglomérat.

Tout conglomérat de plus de deux gouttes est représentatif d'un rassemblement d'individus ou de volontés.

- Le conglomérat est horizontal (figure 6) : il s'agit de soutiens matériels... Mais la figure 6, telle que nous l'avons dessinée, peut représenter un « visage souriant ». Si sa goutte centrale avait la forme B (ovale vertical), elle pourrait représenter un visage triste.
- Le conglomérat est vertical (figure 7) : il peut être représentatif d'une expansion de la conscience tant vers le haut que vers le bas ou d'un rassemblement des forces tant instinctives que spirituelles.
- Le conglomérat ne peut avoir de direction définie : vous êtes soutenu par de nombreux amis (si l'ensemble est plutôt positif) ; si l'ensemble est plutôt négatif, c'est une croissance désordonnée, chaotique, soit sur le plan spirituel, soit sur le plan physique.

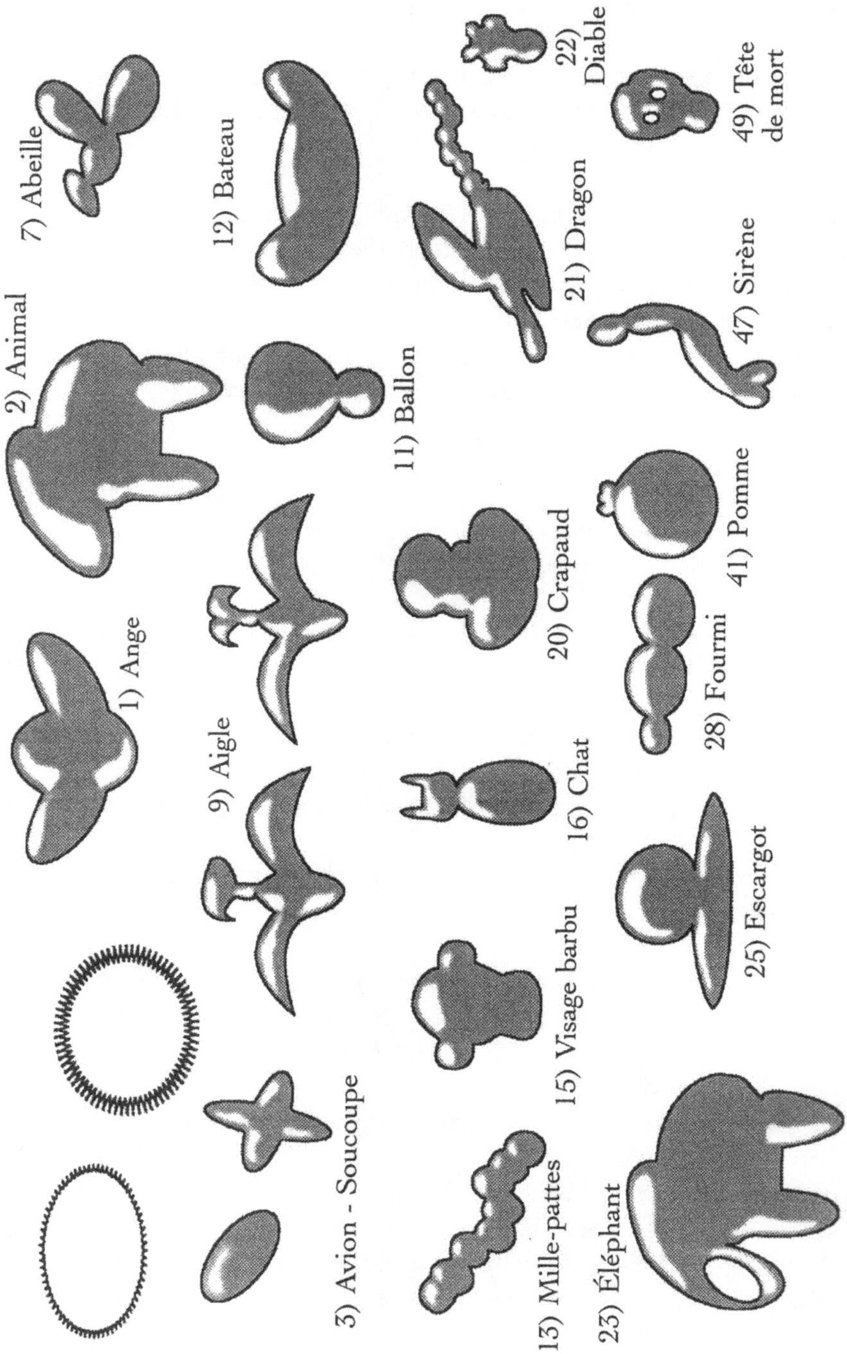

PLANCHE 27
Quelques exemples de figures formées par le plomb fondu.

Les dentelures

Les dentelures doivent être interprétées suivant le contexte dans l'ensemble bénéfique ou maléfique formé par la goutte ou l'assemblage de gouttes.

Les grandes dentelures signifient « force », rayonnement ou « isolement » (l'individu repousse volontairement ou non ceux qui veulent l'approcher).

L'interprétation des formes figuratives

La planche 27 (p. 92) montre quelques figures qui peuvent être formées par le plomb.

1) ANGE
- Visage drapé ou rayonnant accompagné de formes d'ailes : protection spirituelle ou consolation.
- Renversé : perte de protection.

2) ANIMAL (QUADRUPÈDE)
- Situation stable.
- Renversé : défaite, perte de biens.

3) AVION OU SOUCOUPE VOLANTE
- Départ imprévu ou évasion.

4) ARC
- Inimitiés, conflits.

5) AIGUILLES
- Brouille avec amis, connaissances ou famille.

6) ANGUILLE OU SERPENT (SEULS)
- Puissance occulte.

7) ABEILLE
- Travail profitable en perspective.

8) AGNEAU
- Sacrifice ou concessions nécessaires (l'agneau se distingue du quadrupède par sa toison bouclée).
- Renversé : réception ou banquet.

9) AIGLE

- Force ; s'il a deux têtes, triomphe et puissance (plus les ailes sont grandes, plus le présage est favorable).
- Renversé (tête ou têtes en bas) : perte d'une situation favorable (en bonne situation) ou chute d'un oppresseur (si le consultant est en mauvaise situation).

10) ANNEAUX

- Mariages ou unions, ou prison si les anneaux forment une chaîne emmêlée.

11) BALLON (AÉROSTAT)

- Élévation, sérénité.

12) BATEAU (NEF)

- Héritage ou grand commerce.
- Renversé : l'héritage ou les bénéfices espérés ne viendront pas.
- Très incliné (en train de couler) : pertes importantes.

13) ARAIGNÉES, INSECTES, MILLE-PATTES

- Chagrins ou maléfice.

14) BOUCHE

- Oblique : mensonges ou vantardise.
- Verticale : sexualité.
- Horizontale : parole donnée, parole droite.

15) BARBE (VISAGE BARBU)

- Vieillard ou sage personnage expérimenté.
- Droit : il apporte un soutien ou un conseil.
- Renversé : il s'oppose aux projets.
- Incliné vers l'est ou vers l'ouest : il va pousser à les modifier.

16) CHAT ASSIS

- Fidélité, amour, quelqu'un attend quelque chose avec impatience.

17) CERCLE SIMPLE

- Excellent présage, éventuellement argent. Son interprétation est modifiée par les dessins qu'il porte éventuellement ou par les trous.

18) COURONNE

- Succès auprès des puissants en politique ou en affaire.

19) CONSTELLATION
- Des gouttes de plomb petites rassemblées (de 4 à 10) représentent la destinée, un passage obligé.

20) CRAPAUD
- Dévouement à un ami ou ami dévoué.

21) DRAGON VOLANT
- Grande fortune.

22) DIABLE
- Piège, maléfice.
- Couché ou renversé : piège déjoué ou maléfice vaincu.
- Incliné : le piège peut être déjoué ou le maléfice vaincu.

23) ÉLÉPHANT
- Soutien imprévu ou aide puissante.

24) ÉPAULETTE
- Carrière ou affaire militaire.

25) ESCARGOT
- Naissance modeste ou retard dans les affaires.

26) FEUILLE
- Maladie, perte de cheveux.

27) FLEUR
- Joie futile ou passagère.

28) FOURMI
- Travail pénible, économie. Si elles sont nombreuses : grande entreprise.

29) GÉOGRAPHIE (CARTE DE)
- Voyage à l'étranger.

30) GRAINES
- Fécondité ou richesse.

31) GRENADE (LE FRUIT)
- Fécondité, surtout s'il est entouré de graines.

32) GRAPPE DE RAISIN
- Séduction ou ivrognerie.

33) HALLEBARDE
- Protection par des amis ou des autorités ecclésiastiques.

34) LAPIN OU LIÈVRE
- Timidité.

35) LUNETTES
- Sénilité, ou études difficiles.

36) MENOTTES
- Arrestation ou inculpation.

37) ŒIL
- Justice divine, remords ou scrupules.

38) ŒUF
- Fécondité pour une femme, harmonie pour un homme.
- Avec la pointe en bas : performance ou challenge.

39) POISSONS
- Invitation ou bonheur éphémère. Si le poisson a de longues épines, un danger va surgir inopinément. Il faut être attentif.

40) POIRE
- Petite affaire avantageuse.

41) POMME
- Plaisirs sexuels ou grand propriétaire terrien.

42) PORC-ÉPIC
- Personnage acariâtre, agressif, ingrat.

43) QUENOUILLE
- Difficultés dans le ménage.

44) ROUE DE FORTUNE (CERCLE SURMONTÉ D'UNE FIGURINE)
- Chance, gains aux jeux de hasard.

45) SEIN
- Providence.

46) SERPENT, NŒUD DE SERPENTS

- Complot, calomnies, pièges.

47) SIRÈNE

- Mensonges ou illusion.
- Renversée : découverte de mensonges.
- Couchée : tentative de séduction, promesses illusoires.

48) SOLEIL

- Réussite, triomphe, succès.

49) TÊTE DE MORT

- Vie longue s'il y en a une seule. Si plusieurs têtes de mort apparaissent, deuil ou exhumation.

50) TORTUE

- Longévité ou patience.
- Sur le dos : situation inextricable, impasse.

51) TRÈFLE

- Gain d'argent (ou d une richesse quelconque) inespéré.

52) VISAGE DE FACE

- Franchise.

Règles d'interprétation des figures

Les figures apparaissent en plombomancie de plusieurs façons. Il faut d'abord regarder la surface de l'eau, les impuretés du métal y forment parfois des dessins. Ces images seront interprétées comme la surface des choses.

Il faut ensuite regarder le fond du récipient. C'est la disposition des gouttes de plomb au fond du récipient qui donnera la première interprétation.

Enfin, on récupère chaque goutte de plomb solidifiée et on interprète sa forme. D'abord la forme extérieure, puis les dessins que forment éventuellement les bulles ou les surépaisseurs de plomb.

Le plomb qui a été utilisé pour la plombomancie sera placé dans un chiffon noir puis jeté dans une rivière. Cette méthode était utilisée par le passé, mais nous vous invitons à procéder comme indiqué en page 14.

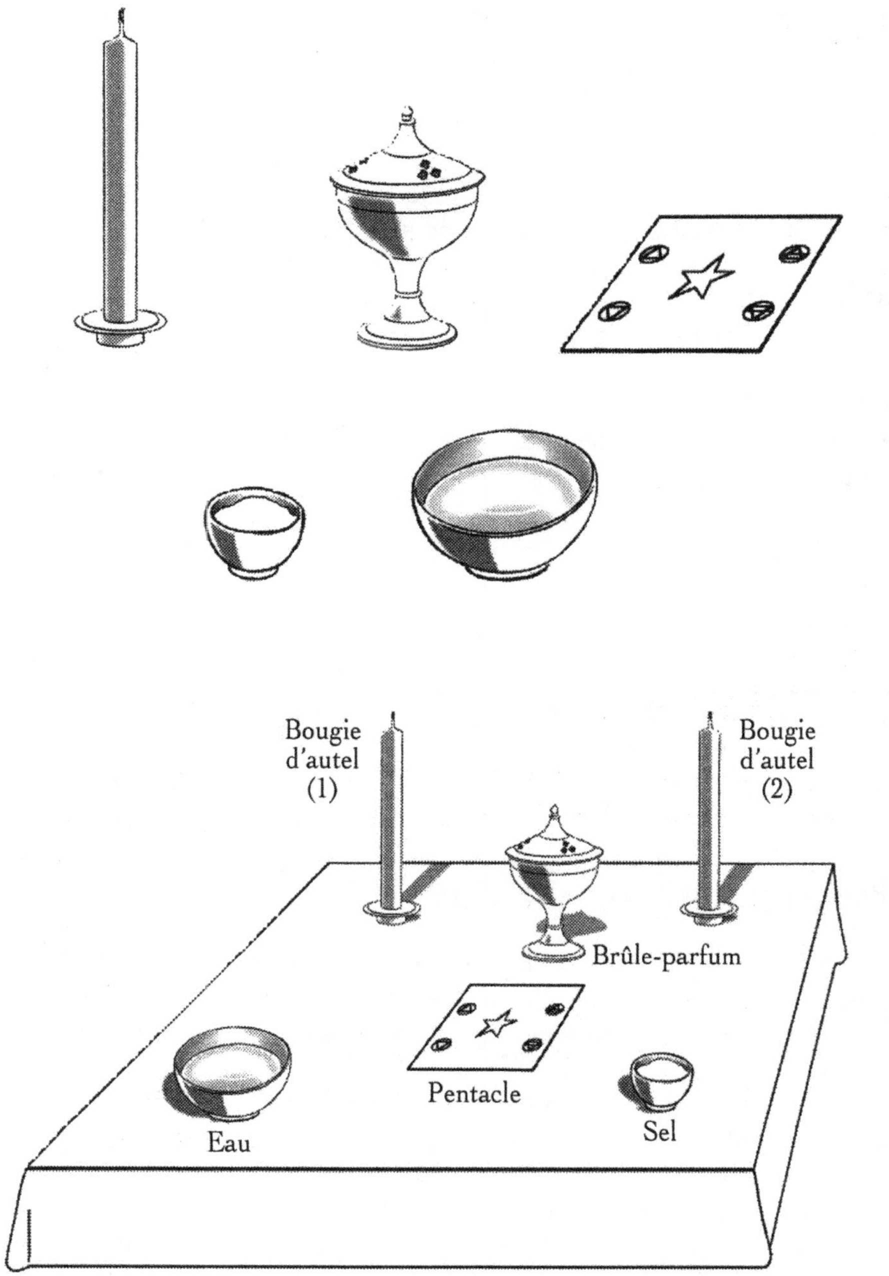

PLANCHE 28

Disposition de l'autel.

SACRAMENTAIRE

AVERTISSEMENT

Traditionnellement, le praticien de la magie dispose d'un occultum dont le meuble principal est l'autel. Il est possible à ceux qui ne peuvent disposer d'un tel lieu de se passer d'occultum et même d'autel... L'autel est un symbole, et le symbole peut être dans votre cœur. Néanmoins, si vous comptez opérer fréquemment, et si vos conditions de vie vous le permettent, il est vivement conseillé d'aménager un occultum, même si cela entraîne quelques frais.

Disposition de l'autel.

MATÉRIEL NÉCESSAIRE POUR L'OCCULTUM

- Une table rectangulaire.
- Une nappe blanche.
- Deux chandeliers de métal jaune.
- Un brûle-parfum.
- Une coupe d'argent ou de cristal (ou de verre ordinaire) pour contenir l'eau.
- Une soucoupe pour contenir le sel.
- De l'encens en larmes.
- Une navette à encens.
- Un pentacle universel réalisé sur papier ou sur parchemin. Si vous réalisez ce pentacle sur parchemin, nous vous conseillons de mettre la feuille de parchemin sous presse avant de dessiner le pentacle et de respecter les couleurs indiquées : rouge carmin et noir (voir planche 4, p. 22).
- Si vous disposez d'un occultum, il est conseillé également d'utiliser des vêtements rituels : aube blanche et pour la magie du plomb, cordelière noire ou violette.
- Il est utile également d'avoir une paire de pantoufles noires ou blanches que l'on ne portera que pour effectuer ce genre de travaux.

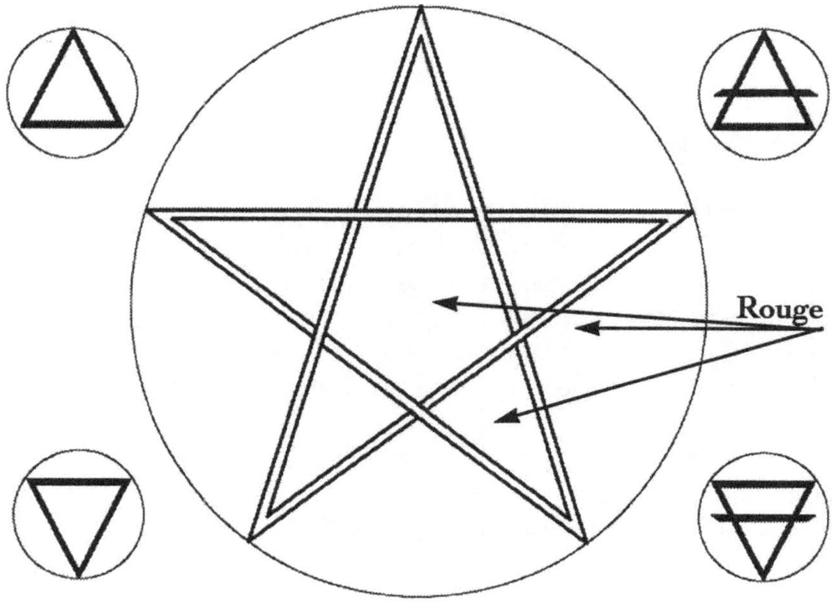

Pentacle d'opération.

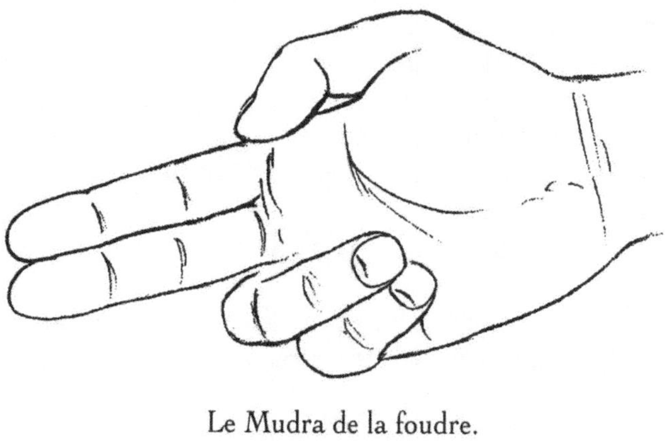

Le Mudra de la foudre.

PLANCHE 29

- Pour l'exorcisme du plomb et pour la voyance dans le plomb, on consacre le réchaud pour faire fondre le plomb avec la même formule que le brûle-parfum. Il est mieux d'utiliser un réchaud à charbon de bois genre brasero, mais ceux qui vivent dans des appartements se contenteront pour des raisons de sécurité d'un réchaud à gaz de camping.

Rituel 1 – Oraison de l'opérateur

L'opérateur, sauf s'il est prêtre, dit l'oraison suivante avant toute opération d'exorcisme ou de désenvoûtement ou de consécration.

Cette oraison doit être dite bras en croix devant l'autel avant l'allumage des bougies. Elle sera suivie d'une courte méditation.

Si l'opérateur ne dispose pas d'un autel, il dira l'oraison et prolongera quelque peu la phase de méditation.

« Seigneur, nous ne sommes pas dignes de ce que nous allons faire, mais dites un mot et nous serons dignes. »

Prions.

Genou gauche en terre, le cierge en main droite :

« Seigneur Jésus-Christ, nous te supplions par ton saint nom Ieshouah, toi qui en plus de tes douze apôtres te choisis soixante-douze disciples, et les envoyas devant toi dans les villes pour prêcher en ton nom et chasser les démons, de prêter l'oreille à nos prières et de nous venir en aide.

Daigne, Seigneur, nous accorder le pouvoir que tu accordas jadis à tes soixante-douze disciples qui allaient devant toi dans les villes, chassant les démons en ton nom, Toi qui a dit "les choses que je fais, vous les ferez aussi, et vous en ferez de plus grandes". Nous ne nous réjouirons pas de ce que les démons nous soient soumis. Nous ne nous réjouirons pas de la puissance que nous procurera ce que tu nous auras accordé. Mais notre joie sera grande, parce que nous aurons pu contribuer à la gloire de ton Saint Nom.

Préserve-nous, Seigneur, de la tentation et de l'orgueil, qui nous conduiraient à nous attribuer les mérites qui ne reviennent qu'à toi. Car c'est en ton Nom et pour ta Gloire, pour que chacun croie en toi et soit sauvé, que nous t'implorons. Amen †††. »

Rituel 2 – Exorcisme du lieu

Le brûle-parfum ou l'encensoir à chaîne (si on en possède un) sera allumé un peu à l'avance, de façon que les braises soient bien chaudes et qu'il produise immédiatement une bonne quantité de fumée. On laisse prendre les braises sans recouvrir le brûle-parfum de son couvercle.

Avant de verser l'encens sur les braises

« Ma puissance est dans le nom du Seigneur qui créa les Cieux et la Terre. Seigneur, écoutez ma prière et que mon cri monte jusqu'à vous. »

En prenant le parfum et avant de le verser sur les braises rouges

« Seigneur, permettez qu'en votre nom et par votre nom, je bénisse ce parfum, afin qu'il soit toute pureté et toute sainteté. Qu'en tout lieu où il sera consumé, sa fumée ait le pouvoir de chasser toute manifestation du mal visible ou invisible, tout prestige de l'ennemi, toute imprégnation par des esprits inférieurs ou des pensées impures †††. »

En versant le parfum sur les braises

« Que la fumée de ce parfum manifeste en ce lieu la puissance du seigneur qui créa les Cieux et la Terre et toutes les créatures qui y sont encloses †††. »

Fermez le brûle-parfum avec son couvercle s'il en a un. Prenez le brûle-parfum de la main droite. Placez-vous debout, pieds joints, le bras gauche tendu vers la Terre, visant un point situé environ 1 cm à l'avant et à gauche de votre pied gauche. Soulevez la main, tenant le brûle-parfum plus haut que la racine de vos cheveux, et tracez dans un plan vertical un cercle dans le sens antihoraire. Aussitôt après avoir tracé ce cercle, vous entreprendrez de faire le tour de la pièce dans le sens horaire.

En traçant le cercle

« Je vous adjure et vous conjure, puissances de l'air présentes en ce lieu, par le nom du Seigneur, votre créateur et le mien, par la puissance qu'il a donnée à notre père Adam sur toutes les créatures des Cieux et de la Terre, par les Élionim qui chantent éternellement la gloire du Seigneur en tremblant et par toutes les autres puissances célestes. »

Quand votre main est revenue à sa position initiale (le cercle est fermé)

« Fuyez ce lieu à l'instant même. »

En faisant le tour de la pièce dans le sens horaire

« Je vous exorcise, puissances de l'air, par tous les noms que les hommes ont donnés à leur créateur, par les Cieux et par la Terre, par les quatre éléments et par les quatre hiérarchies célestes… »

Temps de silence.

Il faut marcher lentement, à petit pas dans les petites pièces, à pas plus grands dans les grandes.

Si on utilise un encensoir à chaîne, on le balance en marchant et on cesse de le balancer pendant le temps de silence.

Si on utilise un brûle-parfum muni d'une poignée, on élève le brûle-parfum à la hauteur de son épaule en faisant trois pas, et on le redescend à la hauteur de la hanche sur trois pas. Le mouvement s'interrompt pendant le temps de silence qui dure deux pas.

La coordination de ces mouvements est importante.

Devant chaque ouverture (fenêtre, vasistas, lucarne, porte)

Il faut à nouveau tracer le cercle et répéter la formule « Je vous adjure… Fuyez… » de la même façon que précédemment.

L'opérateur doit faire quatre fois le tour de la pièce.

Rituel 3 – Consécration des bougies

Si vous utilisez les bougies pour la première fois, accomplissez le rituel ci-dessous. Vous ne le referez que quand vous remplacerez les bougies usagées par des bougies neuves, sauf si celles-ci ont été consacrées auparavant.

NOTEZ QUE :

- les bougies ne s'utilisent pas sans le brûle-parfum et réciproquement ;
- vous pouvez consacrer autant de bougies que vous voulez, mais il vous faut avant tout consacrer les deux bougies d'autel ;
- lorsque vous installez votre autel pour la première fois, les deux bougies d'autel doivent être consacrées seules.

Allumage des bougies

Allumez (avec une allumette, jamais de briquet si possible) la bougie qui vous sert de « boutefeu ».

Tenant le boutefeu de la main gauche et écartant les bras en croix, la paume de la main droite étant tournée vers le ciel, dites :

« Ma puissance est dans le nom du Seigneur qui créa les Cieux et la Terre.
Seigneur, exaucez ma prière et que mon cri monte jusqu'à vous.
Que le Seigneur soit avec nous et avec notre esprit. Amen †††. »

Le premier signe de croix se trace sur le front de l'opérateur avec le pouce, le deuxième sur la bouche, le troisième sur le cœur.

Exorcisme des bougies

Boutez le feu à la bougie de gauche puis à la bougie de droite, éteignez le boutefeu puis posez-le. Dirigez la pointe des doigts de la main droite vers les bougies.

Dites :

« Je vous exorcise, créatures de cire, sources de lumière visible, par Ioh le Dieu vivant, par Ioah le Dieu Vrai, par Iaoh le Dieu saint !

Je vous adjure par le nom de celui qui vous créa puis vous sépara des autres créatures afin que vous vous montriez salutaires, et que vous ne reteniez en vous aucune trace de la puissance ténébreuse et mauvaise qui régna sur vous si longtemps. Afin que vous deveniez au contraire source d'inspiration et d'illumination tant matérielle que spirituelle, afin que partout où brillera votre lumière, vous soyez une défense contre les pièges de l'ennemi. Et Toi Seigneur puissant et saint, Toi que je confesse le seul vrai Dieu, daigne sanctifier par la vertu de ta bénédiction ces créatures de cire, en chasser à tout jamais l'esprit démoniaque ou ses serviteurs qui les hantent ou les habitent. Rends-leur donc la pureté originelle qui était la leur au jour de la création par la puissance de tes très saints noms Élohïm Gibor, Agla, Ieoshouah, Élohïm, Élion. Amen. »

Consécration des bougies

Étendez les bras en croix, paumes tournées vers le ciel.

Prions :

« Que ne puis-je être comme aux mois du passé, comme aux jours où Dieu me gardait, quand sa lampe brillait sur ma tête et que sa lumière me guidait dans les ténèbres ? »

Imposez les mains sur les bougies.

« Seigneur, toi qui as été, qui es et qui seras, puissant être des êtres, Élohïm des Élohïm, Élohaï, daigne écouter nos prières, bénir et consacrer ces créatures de cire et de flamme. Daigne répandre sur elles ta céleste bénédiction, ô toi Soleil illuminateur, Lumière des Lumières, dissipe en elles toutes ténèbres.

Et vous créatures de cire, je vous bénis et je vous sanctifie par la puissance du nom de votre créateur qui apparut à son serviteur Moïse sous la forme du buisson-ardent †.

Je vous adjure et vous conjure, ô créatures de cire et de feu, par le nom du Dieu tout-puissant qui fait trembler les Cieux et la Terre, l'Éternel, El Shadaï, afin que vous veniez à mon aide contre la puissance démoniaque répandue dans le monde †.

Qu'en tout lieu où vous serez allumées et où rayonneront vos flammes purificatrices, fuient à l'instant, tremblantes et épouvantées, les puissances des ténèbres et leurs émanations matérielles. Qu'à jamais leur soit retiré le pouvoir de nous inquiéter ou de molester les serviteurs de l'Éternel notre Dieu †. Soyez donc consacrées † et bénies † au nom du Tout-Puissant El Shadaï qui règne dans les Siècles des siècles † ! Par les très saints noms : Élohïm Gibor, Agla, Ieoshouah, Élohïm Élion ! †††. »

Note : les croix représentent de grands signes de croix tracés devant les bougies avec le pouce, l'index et le majeur étendus et l'annulaire et l'auriculaire repliés contre la paume de la main.

Rituel 4 – Consécration du brûle-parfum

Ce rituel doit être accompli quand vous installez le brûle-parfum pour la première fois sur l'autel. Vous ne le referez que si, un jour, vous changez de brûle-parfum. Attention, pour consacrer le brûle-parfum, il est indispensable d'avoir disposé sur l'autel deux bougies consacrées.

Si vous commencez à travailler par cette opération :

Allumez la bougie qui vous sert de boutefeu (toujours avec une allumette) et boutez le feu à la bougie de gauche. Ce faisant, dites :

« Par Ioh le Dieu vivant, par Ioah le Dieu vrai, par Iaoh le Dieu saint !

Que cette sainte lumière se répande en ce lieu et le sanctifie, qu'elle en chasse à l'instant toute puissance démoniaque, tout prestige de l'ennemi. Amen †††. »

Tracez un triple signe de croix devant la bougie.

Boutez le feu à la seconde bougie.

« Que cette sainte lumière illumine nos esprits et nos cœurs et qu'avec elle nos prières s'élèvent vers l'Éternel. »

Si votre travail devant l'autel est déjà commencé, par exemple si vous venez de consacrer les bougies d'autel et que celles-ci sont déjà allumées, votre travail commence ici.

Bras étendus en croix, paumes tournées vers le ciel, dites :

« Ma puissance est dans le nom du Seigneur qui créa les Cieux et la Terre.
Seigneur, exaucez ma prière et que mon cri monte jusqu'à vous !
Que le seigneur soit avec nous et avec notre esprit †††. »

Le premier signe de croix se trace sur le front de l'opérateur avec le pouce, le deuxième sur la bouche, le troisième sur le cœur.

« Je t'exorcise créature de cuivre (ou de terre) par Ioh le Dieu vivant, par Ioah le Dieu vrai, par Iaoh le Dieu saint !

Je t'adjure par le nom de celui qui te créa puis te sépara des autres créatures afin que tu te montres salutaire, et que tu ne retiennes en toi aucune trace de la puissance ténébreuse et mauvaise qui régna sur toi jusqu'à ce jour. Afin que tu deviennes au contraire le Salut, l'inspiration, la purification tant spirituelle que matérielle de tous ceux qui respireront les parfums qui se consumeront en toi, afin que partout où tu seras utilisé, en tout temps et en tout lieu tu sois propre à dissiper et à dissoudre tous les prestiges de l'ennemi.

Et Toi Seigneur puissant et saint, Toi que je confesse le seul vrai Dieu, daigne sanctifier par la vertu de ta bénédiction cette créature de cuivre (ou de terre), en chasser à tout jamais l'esprit démoniaque ou ses serviteurs qui la hantent ou l'habitent. Rends-lui donc la pureté originelle qui était la sienne au jour de la création par la puissance de tes très saints noms Élohïm Gibor, Agla, Ieoshouah, Élohïm, Élion. Amen †††. »

Prenez une braise automatique et allumez-la à la bougie se trouvant à votre gauche. Placez-la dans le brûle-parfum, versez un peu d'encens. Quand la fumée s'élève, dites :

Prions :

« Par l'intercession du Bienheureux Archange Michaël qui se tient à la droite de l'autel des parfums ! Par l'intercession du bienheureux Archange Raphaël qui conduisit et enseigna le jeune Tobie, que le Seigneur daigne bénir et sanctifier ce brûle-parfum et l'agréer à son service en très douce odeur de suavité. Qu'il soit donc désormais pour tes serviteurs une perpétuelle défense contre toutes les puissances ténébreuses et mauvaises afin qu'en quelque lieu qu'il répande l'odeur aromatique des parfums qui s'y consumeront ne puisse séjourner aucun maléfice ni aucune molestation démoniaque. Qu'au contraire, ils soient à l'instant chassés et disparaissent devant la puissance du Seigneur et par la vertu de ses très saints noms : Élohïm, Gibor, Agla, Ieoshouah, Élohïm, Élion. Lui qui vit à jamais dans l'Éternité des siècles des siècles. Amen †††. »

Rituel 5 – Consécration du sel (sel bénit)

Rituel général de consécration du sel de protection ou d'exorcisme

Cette consécration est à dire avant utilisation du sel pour toute opération d'exorcisme, de protection ou de désenvoûtement. Notez qu'un sel qui a été consacré l'est définitivement. Il est donc inutile de répéter cette consécration sur un sel déjà consacré.

MATÉRIEL INDISPENSABLE

- Une certaine quantité de sel (d'une pincée à un sac de plusieurs kilos).

MATÉRIEL FACULTATIF

- Une table (autel).
- Une nappe.
- 3 bougies : 2 pour éclairer l'autel, 1 pour « porter le feu ».
- Éventuellement, 2 bougeoirs (mais 2 soucoupes ou 2 rondelles de carton conviendront, cela ne sert qu'à protéger la nappe).
- Un brûle-parfum.
- De l'encens.
- Une coupe de verre, de cristal ou de poterie pour contenir le sel.

Ce matériel est à utiliser si vous êtes dans de bonnes conditions matérielles et si vous êtes un praticien régulier. En cas d'urgence, seule le sel et la prière avec imposition des mains sont nécessaires.

PRÉPARATION (SI VOUS DISPOSEZ D'UN AUTEL)

Recouvrez la table de la nappe, disposez les deux bougies et le brûle-parfum comme indiqué par le schéma ci-dessous. Éventuellement (si vous en avez une), posez la coupe au milieu de la table et versez-y le sel.

1er cas : vous avez placé sur un autel des bougies consacrées et un encensoir

Allumez la bougie qui vous sert de boutefeu (toujours avec une allumette) et boutez le feu à la bougie de gauche. Ce faisant, dites :

« Par Ioh le Dieu vivant, par Ioah le Dieu vrai, par Iaoh le Dieu saint !

Que cette sainte lumière se répande en ce lieu et le sanctifie, qu'elle en chasse à l'instant toute puissance démoniaque, tout prestige de l'ennemi. Amen. »

Boutez le feu à la seconde bougie.

« Que cette sainte lumière illumine nos esprits et nos cœurs et qu'avec elle nos prières s'élèvent vers l'Éternel. »

Prenez une braise automatique et allumez-la à la bougie de gauche. Placez-la dans le brûle-parfum et versez dessus un peu d'encens en disant :

« Seigneur que ce parfum s'élève vers toi comme s'élevait la fumée des encens qui se consumaient sur l'autel des parfums du temple de Jérusalem. Amen †. »

2e cas : si vous ne disposez pas d'un autel, votre rituel commence ici

Dites :

« Ma puissance est dans le nom du Seigneur qui créa les Cieux et la Terre.

Seigneur, exaucez ma prière et que mon cri monte jusqu'à vous !

Que le seigneur soit avec nous et avec notre esprit †††. »

Tendez les doigts de la main droite vers le sel.

« Je t'exorcise, créature de sel, par Ioh le Dieu vivant, par Ioah le Dieu vrai, par Iaoh le Dieu saint !

Je t'adjure par celui qui a voulu que tu sois jeté dans l'eau par le prophète Élisée pour guérir la stérilité de l'eau, afin que tu ne retiennes rien en toi de la puissance démoniaque qui régna sur toi jusqu'à ce jour. Que tu deviennes au contraire, sel exorcisé, le salut, l'inspiration et l'intelligence tant spirituelle que matérielle de ceux qui te toucheront ou te consommeront, afin qu'en tout lieu et en tout temps où tu seras répandu, tu sois un remède et une protection contre les pièges de l'invisible adversaire, et que tu serves à la purification et à la consécration de toute créature humaine, animale, végétale ou minérale qu'il nous plaira de sanctifier par le nom de l'Éternel notre Dieu. »

Faites un temps de silence pendant lequel vous placez vos mains à plat au-dessus du sel et dites :

« Et Toi Seigneur puissant et saint, Toi que je confesse le seul vrai Dieu, daigne sanctifier par la vertu de ta bénédiction cette créature de sel issue de l'eau (ou de la terre si vous utilisez du sel gemme), en chasser à tout jamais l'esprit démoniaque ou ses serviteurs qui la hantent ou l'habitent.

Rends-lui donc la pureté originelle qui était la sienne au jour de la création afin que tous ceux qui en useront obtiennent la santé du corps et le salut de l'âme et que tous ceux et tout ce qui en sera touché ou imprégné soit désormais purifié de toute impureté et de tout envahissement des puissances ténébreuses et mauvaises.

Qu'il en soit ainsi, Seigneur, par la puissance de tes très saints noms Shadaï, Tétragramaton, Sabaoth, Adonaï Melech, Adonaï ha haretz. »

Prions :

« Seigneur Dieu éternel et tout-puissant, nous implorons humblement ton infinie clémence : daigne, en ta bonté bénir †, sanctifier †, consacrer † cette créature de sel que tu as donnée au genre humain pour son usage, afin qu'elle soit salut de l'esprit et du corps pour tous ceux qui la consommeront et que tout ce qui en sera touché ou saupoudré soit exempt de toute impureté, de toute attaque de la malice des esprits.

Qu'au contraire, ils soient à l'instant chassés et disparaissent devant la puissance du Seigneur et par la vertu de ses très saints noms : Élohïm, Gibor, Agla, Ieoshouah, Élohïm, Élion. Lui qui vit à jamais dans l'Éternité des siècles des siècles. Amen †††. »

Continuez d'imposer les mains sur le sel. Vous devez sentir une chaleur qui s'échappe de vos mains.

Quand cette sensation s'inverse, c'est-à-dire quand vous avez l'impression que c'est le sel qui chauffe vos mains, la consécration est terminée.

Tracez alors avec le pouce de la main droite trois signes de croix sur le sel en disant : *Amen.*

Rituel 6 – Consécration de l'eau (eau bénite)

1er cas : vous avez placé sur un autel des bougies consacrées et un encensoir

Allumez la bougie qui vous sert de boutefeu (toujours avec une allumette) et boutez le feu à la bougie de gauche.

Ce faisant, dites :

« Par Ioh le Dieu vivant, par Ioah le Dieu vrai, par Iaoh le Dieu saint !

Que cette sainte lumière se répande en ce lieu et le sanctifie, qu'elle en chasse à l'instant toute puissance démoniaque, tout prestige de l'ennemi. Amen. »

Boutez le feu à la seconde bougie.

« Que cette sainte lumière illumine nos esprits et nos cœurs et qu'avec elle nos prières s'élèvent vers l'Éternel. »

Prenez une braise automatique et allumez-la à la bougie de gauche. Placez-la dans le brûle-parfum et versez dessus un peu d'encens en disant :

« Seigneur, que ce parfum s'élève vers toi comme s'élevait la fumée des encens qui se consumaient sur l'autel des parfums du temple de Jérusalem. Amen †. »

2e cas : si vous ne disposez pas d'un autel, votre rituel commence ici

Dites :

« Ma puissance est dans le nom du Seigneur qui créa les Cieux et la Terre.

Seigneur, exaucez ma prière et que mon cri monte jusqu'à vous !

Que le seigneur soit avec nous et avec notre esprit †††. »

Étendez la main vers l'eau.

« Je t'exorcise créature aqueuse par Ioh le Dieu vivant, par Ioah le Dieu vrai, par Iaoh le Dieu saint ! »

Je t'adjure par celui qui au commencement te sépara du reste des créatures afin que tu deviennes eau bénite et te montres salutaire, afin que tu ne retiennes rien en toi de la puissance démoniaque qui régna sur toi jusqu'à ce jour. Que tu deviennes au contraire le salut, l'inspiration et l'intelligence tant spirituelle que matérielle de ceux qui te toucheront ou te consommeront, afin qu'en tout lieu et en tout temps où tu seras répandue ou utilisée ou aspergée, soient mises en fuite toutes les puissances de l'ennemi et que tu puisses arracher et déraciner cet ennemi lui-même ainsi que tous ses anges déchus. Sois donc un remède et une protection contre les pièges de l'invisible adversaire, et sers désormais à la purification et à la consécration de toute créature humaine, animale, végétale ou minérale qu'il nous plaira de sanctifier par le nom de l'Éternel notre Dieu.

Et Toi Seigneur puissant et saint, Toi que je confesse le seul vrai Dieu, daigne sanctifier par la vertu de ta bénédiction cette créature de sel issue de l'eau, en chasser à tout jamais l'esprit démoniaque ou ses serviteurs qui la hantent ou l'habitent. Rends-lui donc la pureté originelle qui était la sienne au jour de la création afin que tous ceux qui en useront obtiennent la santé du corps et le salut de l'âme et que tous ceux et tout ce qui en sera touché ou imprégné soit désormais purifié de toute impureté et de tout envahissement des puissances ténébreuses et mauvaises. Qu'il en soit ainsi, Seigneur, par la puissance de tes très saints noms Shadaï, Tétragramaton, Sabaoth, Adonaï Melech, Élohïm, Gibor, Agla, Ieshouah, Élohïm, Élion ! Amen †††. »

Prions :

« Dieu, qui pour le salut du genre humain as établi sur la puissance des eaux de très grands signes et as établi sur sa substance tes plus grands sacrements, sois favorable à nos prières. Sur cet élément qui doit servir à la purification de tes créatures, daigne répandre la sainte vertu de ta bénédiction. Que ta créature employée en tes mystères reçoive l'efficacité de ta divine grâce afin que partout où elle sera répandue, projetée ou aspergée, êtres, objets, habitations, terres soit lavés de toute souillure, délivrés de tout ce qui pourrait nuire. Que ne puisse y résider l'esprit porteur de peste ni y séjourner l'air corrompu. Qu'en soient éloignées toutes les ruses de l'ennemi. S'il est quelque chose qui porte atteinte par son existence ou son action à la santé ou au repos de l'âme ou du corps, que par l'aspersion de cette eau salutaire, cela se dissipe et disparaisse, afin que la salubrité obtenue par l'invocation de tes saints noms : Shadaï, Tétragramaton Sabaoth, soit préservée de toute attaque des êtres d'en bas. Amen. »

On jette du sel en croix dans l'eau par trois fois †††.

On impose les mains sur l'eau.

Prions :

« Dieu, source de force invisible, roi dont rien ne surpasse l'empire, triomphateur toujours magnifique qui réprimes les violences de la puissance adverse, qui vaincs la cruauté de l'ennemi rugissant, qui soumets avec puissance la méchanceté de l'ennemi, humble et tremblant, Seigneur, nous te supplions et nous te prions : daigne abaisser ton regard sur ces créatures eau et sel et en ta bienveillance les purifier, les sanctifier par l'abondance de ta rosée, afin que par l'invocation de tes saints noms Shadaï, Tétragramaton Sabaoth en quelque lieu ou sur quelque créature qu'ils soient répandus, soit repoussée toute attaque de l'esprit impur. Que soit chassée au loin la terreur du serpent venimeux, et que, lorsque nous implorerons ta miséricorde en les répandant, la présence de l'esprit saint daigne partout se manifester. Qu'il en soit ainsi par la puissance de tes saints noms Shadaï, Tétragramaton Sabaoth, Rouash Élohïm. »

On fait trois signes de croix sur l'eau avec le pouce.

Rituel 7 – Aspersion d'eau bénite

« Aspergez-moi, Seigneur, avec de l'hysope, et je serai pur ; vous me laverez et je deviendrai plus blanc que neige. »

Faites un temps de silence.

« Ayez pitié de moi, mon Dieu, selon votre grande miséricorde. Gloire au Père. »

Faites un temps de silence.

« Aspergez-moi, Seigneur, avec de l'hysope, et je serai pur ; vous me laverez et je deviendrai plus blanc que neige. »

Après l'aspersion et ayant reposé ce qui a servi à asperger, l'opérant dit :

« Exaucez notre prière, Adonaï ha Kadosh, Père tout-puissant, Dieu éternel, et daignez envoyer des cieux votre saint ange, pour qu'il garde, soutienne, protège, visite et défende…

- Votre serviteur [votre prénom] dans l'œuvre qu'il entreprend pour votre plus grande gloire ;
- ou dans le cas d'un désenvoûtement : tous ceux qui sont rassemblés en ce lieu. »
- ou dans le cas d'une consécration d'objets : « Votre serviteur [votre prénom] et daignez lui accorder la grâce que tout ce qu'il a purifié et béni avec cette eau sur la Terre en votre nom soit également purifié et béni dans les cieux pour l'éternité. »

Puis dans tous les cas :

« Nous vous le demandons par Jésus-Christ notre Seigneur et par saint Jean son serviteur. Amen †††. »

Rituel 8 – Consécration des outils de l'art

Cette consécration doit être dite un vendredi à l'heure de Vénus ou un mardi à l'heure de Mars.

Notez qu'il n'est pas conseillé de consacrer vos outils si vous ne disposez pas d'un autel. En effet, une fois consacrés, vos outils ne devront plus servir à aucun usage profane.

CONSÉCRATION DU BURIN (OU POINTE À TRACER)

Allumez la bougie qui vous sert de boutefeu (toujours avec une allumette) et boutez le feu à la bougie de gauche.

Ce faisant, dites :

« Par Ioh le Dieu vivant, par Ioah le Dieu vrai, par Iaoh le Dieu saint !

Que cette sainte lumière se répande en ce lieu et le sanctifie, qu'elle en chasse à l'instant toute puissance démoniaque, tout prestige de l'ennemi. Amen. »

Boutez le feu à la seconde bougie.

« Que cette sainte lumière illumine nos esprits et nos cœurs, et qu'avec elle nos prières s'élèvent vers l'Éternel. »

Prenez une braise automatique et allumez-la à la bougie de gauche. Placez-la dans le brûle-parfum et versez dessus un peu d'encens en disant :

« Seigneur, que ce parfum s'élève vers toi comme s'élevait la fumée des encens qui se consumaient sur l'autel des parfums du temple de Jérusalem. Amen †. »

Dites :

« Ma puissance est dans le nom du Seigneur qui créa les Cieux et la Terre.

Seigneur, exaucez ma prière et que mon cri monte jusqu'à vous !

Que le seigneur soit avec nous et avec notre esprit †††. »

Encensez abondamment le burin (passez-le plusieurs fois dans la fumée de l'encensoir).

« Je t'adjure par celui qui au commencement te sépara du reste des créatures afin que, purifié, tu ne retiennes rien en toi de la puissance démoniaque qui régna sur toi jusqu'à ce jour. Que tu deviennes au contraire source de salut, d'inspiration et d'intelligence tant spirituelle que matérielle, et que par tout signe, caractère ou figure que l'on gravera avec ta pointe ou ton tranchant, tu sois propre à mettre en fuite toutes les puissances de l'ennemi et que devant elles, cet ennemi lui-même ainsi que tous ses anges déchus soient saisis d'une sainte terreur et s'enfuient à l'instant.

Et Toi Seigneur puissant et saint, Toi que je confesse le seul vrai Dieu, daigne sanctifier par la vertu de ta bénédiction cette créature de métal, en chasser à tout jamais l'esprit démoniaque ou ses serviteurs qui la hantent ou l'habitent. Rends-lui donc la pureté originelle qui était la sienne au jour de la création afin que tout signe, caractère, figure ou nom que l'on gravera avec sa pointe ou son tranchant soit imprégné de toute la puissance de ta bénédiction, sois exempt de toute impureté et préservé de tout envahissement des puissances ténébreuses et mauvaises. Qu'il en soit ainsi, Seigneur, par la puissance de tes très saints noms Shadaï, Tétragramaton, Sabaoth, Adonaï Melech, Élohïm, Gibor, Agla, Ieiushouah, Élohïm, Élion ! Amen †††. »

On jette du sel sur le burin et on redit la prière ci-dessus.

On asperge le burin avec de l'eau bénite et on dit une troisième fois la prière ci-dessus.

On passe le burin par la flamme du cierge gauche et on dit une quatrième fois la prière ci-dessus.

Imposer les mains sur le burin.

Prions :

« Par l'intercession du bienheureux archange Gabriel, et par l'intercession du bienheureux archange Raphaël, Seigneur nous t'implorons et te prions. Daigne, Seigneur tout-puissant, toi qui créas le monde par dix saintes énumérations et vingt-deux lettres que tu gravas et burinas ; Toi qui de ton doigt gravas les tables de ta sainte loi que tu remis à ton serviteur Moïse, être propice à nos prières. Daigne, Seigneur, Bénir † et sanctifier † cet humble outil, afin qu'il soit propre à transmettre toute la puissance originelle que tu as toi-même placée dans les nombres les lettres, les signes et les figures, afin que quiconque s'en servira pour graver ton saint nom ou ceux de tes saints anges soit béni par toi ainsi que son œuvre. Ainsi soit-il. »

BÉNÉDICTION DE L'ÉQUERRE, DU COMPAS ET DE LA RÈGLE

L'équerre, le compas et la règle seront bénis avec le même rituel que le burin.

Seule la formule « avec ta pointe ou ton tranchant » sera remplacée par « en t'utilisant ».

Rituel 9 – Prière pour la libération et la réintégration des esprits minéraux

Cette prière est à dire avant tout exorcisme d'objets métalliques ou minéraux (tout ce qui n'est ni végétal ni animal, sauf le sel et l'eau). Si vous commencez un travail devant l'autel par l'exorcisme d'un minéral, elle doit être dite avant l'allumage des bougies et après la prière de l'opérateur. Si la consécration de matières minérales doit être à la suite d'un autre travail, alors, on la dira devant l'autel, bougies allumées, juste avant d'exorciser ou de consacrer les minéraux. Si vous ne disposez pas d'autel, dites-la avant tout exorcisme ou consécration de minéraux.

« Dieu tout-puissant et éternel, créateur et conservateur de tous les êtres, voici que nous te prions et te supplions pour tous les esprits déchus et dégradés enfermés au sein du règne minéral en conséquence de notre propre prévarication. À ces âmes, comme à toutes celles des autres règnes, daigne enfin, ô Seigneur miséricordieux, accorder la libération et le retour en leur nature angélique qui était la leur avant la chute. Au nom de Jésus-Christ notre Seigneur et par saint Jean son serviteur. Amen. »

Rituel 10 – Consécration des pentacles

Si l'opérateur dispose d'un occultum, il accomplira le rituel comme suit. Il est prudent de réserver une séance entière de travail devant l'autel pour la consécration des pentacles.

Il existe des rituels de consécration plus courts, mais chacun doit savoir que plus le rituel est long, plus l'opérateur est concentré sur son action et détaché de sa personnalité profane, plus la consécration est efficace et puissante. Donc, préférez toujours pour un pentacle une consécration longue.

Si l'opérateur dispose d'un occultum, après avoir dit la prière de l'opérateur, puis la prière pour la libération des âmes prisonnières du règne animal, il procède à l'allumage des bougies comme d'habitude.

« Par Ioh le Dieu vivant, par Ioah le Dieu vrai, par Iaoh le Dieu saint !

Que cette sainte lumière se répande en ce lieu et le sanctifie, qu'elle en chasse à l'instant toute puissance démoniaque, tout prestige de l'ennemi. Amen. »

Boutez le feu à la seconde bougie.

« Que cette sainte lumière illumine nos esprits et nos cœurs et qu'avec elle nos prières s'élèvent vers l'Éternel. »

Prenez une braise automatique et allumez-la à la bougie de gauche.

Placez-la dans le brûle-parfum et versez dessus un peu d'encens en disant :

« Seigneur, que ce parfum s'élève vers toi comme s'élevait la fumée des encens qui se consumaient sur l'autel des parfums du temple de Jérusalem. Amen †. »

Dites :

« Ma puissance est dans le nom du Seigneur qui créa les Cieux et la Terre.

Seigneur, exaucez ma prière et que mon cri monte jusqu'à vous !

Que le seigneur soit avec nous et avec notre esprit †††. »

Dites ensuite :

- la litanie des saints en entier ;
- la conjuration des quatre ;
- l'invocation des dix noms divins ;
- l'invocation de Salomon ;
- l'exorcisme des pentacles.

On passe le pentacle dans la fumée d'encens, on le repose, puis, en dirigeant la pointe des doigts vers le pentacle, on dit :

« Je vous exorcise, symboles (s'il y a lieu signes, lettres, nombres), par Dieu le père tout-puissant qui créa les cieux et la Terre ainsi que tous les êtres qu'il renferme ! Je vous exorcise par les signes que le Tout-Puissant ordonna à son serviteur Moïse de placer dans la Tente du Rendez-vous, par la puissance des douze pierres qui ornaient le pectoral du Grand Prêtre, par tous les noms que le Dieu saint révéla à ses prophètes, par le signe qu'il plaça au front de notre ancêtre Caïn. Par ce même signe sur lequel périt notre Seigneur Jésus-Christ pour la Rédemption de tous les êtres ; afin que désormais purifié, vous manifestiez toute la puissance que l'Éternel accorde à ses serviteurs. Soyez donc propre désormais à déraciner et mettre en fuite toute force des puissances ténébreuses, à vaincre toutes les légions des esprits du mal, à dissiper toutes les illusions de Shaïtan notre adversaire afin que [suivant le cas] :

- que tout lieu où vous serez placé soit sanctifié et purifié et que tous ceux qui y vivront obtiennent la santé du corps et le salut de l'âme ainsi que… [ce pour quoi le pentacle a été fait s'il y a lieu] ;
- qu'Untel [prénom de celui qui portera le pentacle] fils de Unetelle [prénom de sa mère] obtienne la santé du corps et de l'âme ainsi que… [ce pour quoi le pentacle a été fait]. »

On asperge le pentacle d'eau bénite en disant la formule de l'aspersion : « Asperge-moi, Seigneur… »

On dit une deuxième fois la formule d'exorcisme du pentacle. On passe le pentacle rapidement dans la flamme de la bougie de gauche en disant :

« Seigneur Dieu des Armées, Élohïm Tsébaoth, daignez par le feu de cette flamme sanctifiée purifier ce pentacle, nous vous le demandons au nom de celui qui viendra à la fin des temps juger les vivants et les morts par le feu. »

On dit une troisième fois la formule d'exorcisme.

Un temps de silence, pendant lequel on ajoute de l'encens sur la braise.

Dites ensuite, bras écartés, paumes des mains tournées vers le ciel :

« Seigneur, délivre et sauve tes serviteurs, qui n'espèrent qu'en toi !
Sois pour nous, Seigneur, une invincible citadelle en face de l'Ennemi.
C'est l'Éternel qui donne à son peuple la force et la bravoure.
C'est en son nom que combat l'homme de Dieu !
Du haut de Ton Sanctuaire,
Seigneur, daigne nous venir en aide.
De Sion, daigne nous protéger.
Seigneur, exauce ma prière.
Et que mon cri monte jusqu'à toi ! »
Prions :

« Dieu tout-puissant, distributeur de tous biens, nous te supplions par l'intercession de Malael et de Phaleg, de Yared et de Réhu, de Noé et d'Abraham, par tes saints anges Michaël et Gabriel, de répandre sur ce pentacle (éventuellement marqués de lettres et de signes) ta très sainte bénédiction.

Suivant le cas :

« Qu'en tout lieu où ils seront placés se répandent tes bienfaits et que tous y obtiennent la santé de l'âme et du corps ; que s'y répande ta très sainte Miséricorde, afin qu'y soient évitées toutes les embûches et toutes les ruses de Samael et de ses légions démoniaques. Que ceux qui se tiendront ou vivront en ces lieux désormais sanctifiés par la seule présence de ce pentacle s'appliquent à tes œuvres excellentes afin qu'ils obtiennent la grâce de contribuer à la réintégration de tous les êtres et de paraître un jour en ta présence en un état de santé et de pureté parfaites. »

Faites un temps de silence puis, en imposant les mains sur le pentacle, dites :

« Que la bénédiction de Dieu le Père tout-puissant, la Sagesse incréée et l'Intelligence infinie descendent sur ces symboles et manifestent leur puissance en tout lieu où ils seront placés et qu'elles y demeurent pour l'Éternité. Qu'il en soit ainsi par la puissance du saint nom de Ehie du Saint Nom de Iod – Hé – Wav – Hé – du Saint Nom de Iod – Hé – Wav – Hé – Élohïm. Par la puissance de celui qui a été, est et sera l'Être des Êtres, l'Élohïm des Élohïm. »

Continuez d'imposer les mains sur le pentacle pendant un certain temps, puis dites *« Amen, Amen, Amen »* en signant par trois fois le pentacle avec le pouce.

Action de grâce

« Seigneur Dieu tout-puissant, créateur et conservateur des êtres, nous vous rendons grâce des bénédictions que vous avez accordées à votre serviteur.

Que cet encens monte vers vous et soit agréable à vos narines, comme l'était jadis l'odeur des aromates qui se consumaient sur l'autel des parfums du Temple de Jérusalem. »

Rituel 11 – Consécration de l'aube et de la cordelière

Si l'on dispose d'un occultum

« Par Ioh le Dieu vivant, par Ioah le Dieu vrai, par Iaoh le Dieu saint !

Que cette sainte lumière se répande en ce lieu et le sanctifie, qu'elle en chasse à l'instant toute puissance démoniaque, tout prestige de l'ennemi. Amen. »

Boutez le feu à la seconde bougie.

« Que cette sainte lumière illumine nos esprits et nos cœurs et qu'avec elle nos prières s'élèvent vers l'Éternel. »

Prenez une braise automatique et allumez-la à la bougie de gauche. Placez-la dans le brûle-parfum et versez dessus un peu d'encens en disant :

« Seigneur, que ce parfum s'élève vers toi comme s'élevait la fumée des encens qui se consumaient sur l'autel des parfums du temple de Jérusalem. Amen †. »

Dites :

« Ma puissance est dans le nom du Seigneur qui créa les Cieux et la Terre.
Seigneur, exaucez ma prière et que mon cri monte jusqu'à vous !

Que le seigneur soit avec nous et avec notre esprit †††.

Je vous exorcise, aube et cordelière, vêtements sacrés que je destine au culte de ma réconciliation ; au nom de celui qui vous a destinés à la protection de l'homme en présence des mauvais esprits, et à sa réconciliation face aux puissances célestes. Soyez donc désormais, bénis †, purs † et rayonnants †. Soyez préservés de tout envahissement et de tout prestige de l'adversaire et de ses ministres, à l'abri de toutes leurs entreprises et de tous leurs maléfices. Voici que désormais, vous ne conserverez en vous aucune force maléfique et serez donc des vêtements de pureté pour celui qui vous revêtira †, des vêtements de sainteté †, des vêtements bénis †, des vêtements sanctifiés †. Aube et cordelière, je vous bénis †, et vous sanctifie par le saint nom de Ieshouah. Amen. »

Rituel 12 – Habillage de l'opérateur pour le désenvoûtement par le plomb

L'opérateur qui s'habille soit pour exorciser le plomb destiné à un désenvoûtement, soit pour opérer ce désenvoûtement, doit se préparer très sérieusement. Pour opérer le désenvoûtement par le plomb, il vous faut disposer, si possible, en plus du pentacle décrit au chapitre 3, des vêtements traditionnels de l'opérateur. Si vous ne disposez que du pentacle, dites seulement la prière relative au pentacle.

PRIÈRE EN REVÊTANT L'AUBE

« Daigne, Seigneur, me blanchir et purifier mon cœur, afin qu'étant lavé dans le sang de l'agneau, je jouisse un jour des joies éternelles et qu'en ce jour j'œuvre à la réconciliation de tous les êtres. Daigne donc, Seigneur tout-puissant, éteindre en moi l'ardeur des passions mauvaises, afin que pour ton service, la vertu de force et la pureté soient en moi. Je vous en supplie, Seigneur, par le saint nom de Adonaï Ieshouah †††. »

On trace trois croix avec le pouce sur la poitrine : une à l'épaule gauche, une au centre, une à la crête iliaque droite.

PRIÈRE EN NOUANT LA CORDELIÈRE

« Si l'Éternel ne bâtit la ville, ceux qui bâtissent, bâtissent en vain. Si l'Éternel ne garde la ville, ceux qui la gardent, la gardent en vain.

Seigneur, par cette cordelière et par ce nœud, séparez-moi des autres êtres, afin qu'elle soit pour moi, face aux puissances démoniaques, comme un rempart gardé par vos saints anges et face aux puissances célestes comme une marque de votre sainte alliance.

Au nom de Adonaï Ieshouah, nous vous en supplions, Seigneur †††. »

On trace trois croix avec le pouce sur le nœud de la cordelière.

PRIÈRE EN CHAUSSANT LES PANTOUFLES

« Heureux ceux qui sont intègres devant toi et qui marchent selon tes voies, Seigneur.

Puissent mes actions être réglées, afin que je conserve fidèlement tes ordonnances et tes commandements, ô Dieu tout-puissant, afin que les uns et les autres me conduisent victorieux au terme de cette vie terrestre et que tous les instants de celle-ci contribuent à la réconciliation de tous les êtres.

Je vous en supplie, Seigneur, par le Saint Nom de Adonaï Ieshouah †††. »

On trace trois croix avec le pouce de la racine des cheveux à la pointe des pieds, et de l'épaule gauche à l'épaule droite.

PRIÈRE EN REVÊTANT LE PENTACLE

« Daigne accorder, Seigneur, à ton serviteur [votre prénom] fils de [prénom de votre mère], la faveur de conserver dans l'honneur et la fidélité, cet ornement précieux, symbole de sa volonté d'œuvrer à chaque instant pour la réintégration de tous les êtres et pour sa propre réconciliation. Que ce bouclier soit à jamais le symbole de tes victoires.

Je vous en supplie, Seigneur, par le Saint Nom de Adonaï Ieshouah †††. »

On applique la main ouverte, doigts écartés, sur l'étoile à cinq branches, puis on trace sur elle trois signes de croix de droite à gauche (de 2 H à 8 H).

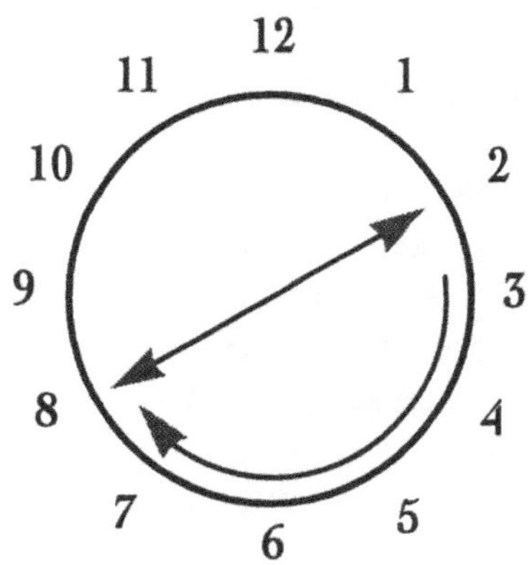

Rituel 13 – Exorcisme des métaux

À dire bras écartés, paumes des mains tournées vers le ciel.

« Dieu tout-puissant, éternel, créateur et conservateur de tous les êtres, qui as formé toutes choses, daigne considérer avec bienveillance cette créature de métal et accorder à ton serviteur [votre nom] le pouvoir de la purifier et de la bénir en ton nom. »

Observer un temps de silence (au moins le temps de trois respirations complètes).

« Ma puissance est dans le Nom du Seigneur qui créa les cieux et la Terre. »

Faire sur le métal le signe de l'exorcisme avec la main droite.

« Je t'exorcise, créature de métal au nom du Père tout-puissant.

Je t'exorcise au nom du fils.

Je t'exorcise au nom du Saint-Esprit, afin que soit éloignés de toi toute puissance démoniaque, tout prestige de l'ennemi, toute souillure spirituelle ou matérielle.

Et vous, puissances ennemies, qui rendez ce métal impropre aux œuvres saintes, je vous chasse de cette créature de métal et vous ordonne au nom de notre Seigneur Jésus-Christ de vous en éloigner immédiatement et de vous réfugier à l'instant même au sein des minerais enfouis au plus profond de la Terre. »

Avec le pouce droit, tracer une croix sur le métal.

« Fuyez donc, démons impurs, je vous en conjure et en abjure au nom du Seigneur. Car voici que je purifie cette créature de métal avec le sel afin que vous en soyez chassés définitivement. »

De la main droite, prendre une pincée de sel et la répandre en croix sur le métal.

« Sois donc purifiée, créature de métal, au nom de tous les anges qui ne cessent de chanter en tremblant la gloire du Très Haut : "Saint Saint Saint est le Seigneur des Armées des Cieux et de la Terre. Hosanna au plus Haut des Cieux." Je t'exorcise donc, créature de métal, par la puissance des saints animaux qui supportent le trône de l'Éternel et qui ont des yeux en avant et en arrière embrassant d'un seul regard le passé et l'avenir. Je t'exorcise, par la puissance des roues flamboyantes qui tournoient et resplendissent. Je t'exorcise par la puissance des sept qui commandent aux sept sphères de l'Univers créé. »

Rituel 14 – Invocation de Salomon

L'opérateur tient l'épée en main droite (ou la main droite levée vers le ciel), son pied gauche est avancé par rapport au pied droit.

« Puissances du royaume, soyez sous mon pied gauche et dans ma main droite ! »
(Une respiration.)

« Gloire et Éternité, touchez mes deux épaules et dirigez-moi dans les voies de la victoire ! »
(Une respiration.)

« Miséricorde et Justice, soyez l'équilibre et la splendeur de ma vie ! »
(Une respiration.)

« Esprits de Malchut, conduisez-moi entre les deux colonnes sur lesquelles s'appuie tout l'édifice du Temple ! »
(Une respiration.)

« Anges de Netzah et de Hod, affermissez-moi sur la Pierre cubique de Iesod ! »
(Une respiration.)

« Ô Gedulael ! Ô Geburael ! Ô Tiphereth ! Binael ! Sois mon amour ! »
(Une respiration.)

« Ruach Ocmael, sois ma lumière ! »

Sois ce que tu as été, ce que tu es et ce que tu seras, ô Ketheriel ! »
(Une respiration.)

« Ischim, assistez-moi au nom de Shadaï ! »
(Inspirez rapidement.)

« Kéroubim, soyez ma force au nom d'Adonaï ! »
(Inspirez légèrement plus vite.)

« Béni Élohïm, soyez mes Frères, au nom du fils et par la vertu de Sabaoth ! »
(Inspirez encore plus vite.)

« Élohïm, combattez pour moi au nom du Tétragramme ! »
(Une inspiration encore plus rapide.)

« Malahim, protégez-moi au nom de iod hé wav hé. »

(Ihavé : ce nom n'est pas prononcé, mais les lettres sont vibrées intérieurement donc sans son une à une et visualisées en lumière blanche dans le nuage de fumée de l'encensoir. Cette opération ne doit en aucun cas ralentir le rythme de l'invocation.)
(Une inspiration encore plus rapide.)

« Séraphim, épurez mon amour au nom d'Éloha ! »
(Juste une « goulée » d'air.)

« Hasmalim, éclairez-moi par les splendeurs d'Élohïm et de la Shekinah ! »
(Un peu d'air, puis sans inspirer.)

« Aralim, Agissez ! »
(Courte rétention du souffle.)

« Ophanim, tournez, resplendissez ! »
(Plus courte rétention du souffle.)

En faisant tournoyer l'épée :

« Forces saintes, tourbillonnez, clamez et répandez les vertus divines ! Kadosh ! Kadosh ! Kadosh ! Shadaï ! Adonaï ! Iochavah ! Éiazerieth ! Halleluiah ! Halleluiah ! Halleluiah ! »

L'opérateur a intérêt à parler assez lentement au début, car le débit de paroles doit s'accélérer. De même, le son doit aller crescendo.

Rituel 15 – Incantation des dix noms divins

L'incantation ci-dessous se compose de dix noms divins suivis d'une exclamation signifiant littéralement : *« Ton nom je prie. »* Après le nom, la voix doit rester en suspens et la deuxième partie de la phrase résonner comme un « répons ». Tout est dit sur le même rythme comme pour une litanie.

« Éhieh : Shemya Teflou !

Iod : Shemya Teflou !

Ieovah Élohïm : Shemya Teflou ! »

(On pense Ieovah en visualisant le tétragramme « iod hé wav hé » et on dit Tétragramaton Élohïm.)

« El : Shemya Teflou !

Éloïm Gibor : Shemya Teflou !

Éloha : Shemya Teflou !

Adonaï Sabaoth : Shemya Teflou !

Éloïm Sabaoth : Shemya Teflou !

Schadaï : Shemya Teflou !

Adonaï Melech : Shemya Teflou ! »

Rituel 16 – Conjuration des quatre

Cette conjuration doit être dite sur un ton de commandement (face à l'ouest avec la coupe d'eau ou la boule de cristal à la main ou le goupillon) :

« Ange aux yeux morts, obéis ou écoule-toi avec cette eau sainte ! »

(Si l'on tient la coupe d'eau, on asperge l'ouest en croix. Si on tient la boule de cristal, on prend une goutte de salive dans sa bouche au bout de l'index et on la jette au sol.)

(Face au nord avec l'épée en main droite, ou la main droite faisant le mudra de la foudre, voir planche 28, p. 98.)

« Taureau ailé, travaille ou retourne à la terre, si tu ne veux l'aiguillon de cette épée ! »
(On trace au-dessus du sol, mais sans le toucher, une triple croix.)

(Face à l'est.)

« Aigle enchaîné, obéis à ce signe (on trace une triple croix devant soi), ou retire-toi devant ce souffle ! »
(On souffle en vocalisant mentalement le nom divin Yé.)

(Face au sud, avec l'encensoir en main droite.)

« Serpent mouvant, rampe à mes pieds, ou sois tourmenté par le Feu sacré et évapore-toi avec le parfum que j'y brûle ! »
(On actionne l'encensoir.)

(Face à l'est, en élevant les mains paumes vers l'avant comme pour bénir une foule, et en parlant de plus en plus vite.)

« Que l'Eau retourne à l'Eau ! Que le Feu brûle ! Que l'Air circule ! Que la Terre tombe en Terre ! Par la vertu du pentagramme, étoile du matin !

Au nom du tétragramme, écrit au centre de la croix de lumière !

Au Nom d'Inri ! De celui né de la Nuit qui rayonne et qui illumine ! Amen. »

Rituel 17 – Litanie des saints

« Seigneur, ayez pitié de nous.
Jésus-Christ, ayez pitié de nous.
Esprit saint, ayez pitié de nous.
Père céleste qui êtes Dieu, ayez pitié de nous.
Fils rédempteur du monde qui êtes Dieu, ayez pitié de nous.
Esprit saint qui êtes Dieu, ayez pitié de nous.
Trinité sainte qui êtes Dieu, ayez pitié de nous.

Sainte Marie, priez pour nous.
Sainte Mère de Dieu, priez pour nous.
Sainte Vierge des vierges, priez pour nous.
Mère du Christ, priez pour nous.
Mère de la Grâce divine, priez pour nous.
Mère très pure, priez pour nous.
Mère très chaste, priez pour nous.
Mère toujours vierge, priez pour nous.
Mère sans tache, priez pour nous.
Mère du Sauveur, priez pour nous.
Miroir de Justice, priez pour nous.
Hydria emplie d'Eau sainte, priez pour nous.
Trône de la sagesse, priez pour nous.
Source de Joie, priez pour nous.

Rose mystique, priez pour nous.
Tour de David, priez pour nous.
Tour d'Ivoire, priez pour nous.
Maison d'Or, priez pour nous.
Arche d'Alliance, priez pour nous.
Porte du Ciel, priez pour nous.
Étoile du Matin, priez pour nous.

Saint Michel Archange, priez pour nous.
Vainqueur des ténèbres, priez pour nous.
Terreur des Démons, priez pour nous.
Conducteur des Âmes, priez pour nous.
Défenseur d'Israël, priez pour nous.

Saint Gabriel, priez pour nous.

Saint Raphaël, priez pour nous.
Saint Uriel, priez pour nous.
Saint Barachiel, priez pour nous.
Saint Jehudiel, priez pour nous.
Saint Altiel, priez pour nous.
Tous les saints et anges et archanges, priez pour nous.
Tous les saints ordres des Esprits bienheureux, priez pour nous.

Tous les Séraphins, priez pour nous.
Tous les Chérubins, priez pour nous.
Tous les Trônes, priez pour nous.
Toutes les Dominations, priez pour nous.
Toutes les Puissances, priez pour nous.
Toutes les Vertus, priez pour nous.
Toutes les Principautés, priez pour nous.
Tous les Archanges, priez pour nous.
Tous les Anges, priez pour nous.
Toutes les âmes glorifiées, priez pour nous.

Saint Jean le Baptiste, priez pour nous.

Tous les saints patriarches, priez pour nous.
Saint Pierre, priez pour nous.
Saint Paul, priez pour nous.
Saint André, priez pour nous.
Saint Jacques, priez pour nous.
Saint Jean l'Évangéliste, priez pour nous.
Saint Thomas, priez pour nous.
Saint Jacques, priez pour nous.
Saint Philippe, priez pour nous.
Saint Barthélémy, priez pour nous.
Saint Mathieu, priez pour nous.
Saint Simon, priez pour nous.
Saint Thadée, priez pour nous.
Saint Mathias, priez pour nous.
Saint Barnabé, priez pour nous.
Saint Luc, priez pour nous.
Saint Marc, priez pour nous.

Tous les saints apôtres et évangélistes,
priez pour nous.
Tous les saints disciples du Seigneur,
priez pour nous.

Saint Panthène, priez pour nous.
Saint Clément d'Alexandrie, priez pour nous.
Saint Origène d'Adamantius, priez pour nous.
Saint Grégoire de Nysse, priez pour nous.
Saint Grégoire de Nazianze, priez pour nous.
Saint Jérôme, priez pour nous.
Saint Basile, priez pour nous.
Saint Ambroise, priez pour nous.
Saint Augustin, priez pour nous.

Tous les saints docteurs de l'église, priez pour nous.
Tous les saints martyrs, priez pour nous.

Saints Sérénus aîné et cadet, priez pour nous.
Saint Héraclite, priez pour nous.
Saint Héron, priez pour nous.
Saint Héraïs, priez pour nous.
Saint Plutarchus, priez pour nous.
Saint Ardalion, priez pour nous.
Saint Aquila, priez pour nous.
Sainte Magdalène, priez pour nous.

Tous les saints pontifes et confesseurs, priez pour nous.
Tous les saints prêtres et lévites, priez pour nous.
Tous les saints moines et ermites, priez pour nous.
Toutes les saintes vierges et veuves, priez pour nous.

Soyez-nous propice, pardonnez-nous, Seigneur.
Soyez-nous propice, exaucez-nous, Seigneur.

De tout mal, libérez-nous, Seigneur.
De tout péché, libérez-nous, Seigneur.
De votre Colère, libérez-nous, Seigneur.
De la mort imprévue et subite, libérez-nous, Seigneur.
Des embûches du Démon, délivrez-nous, Seigneur.
Des tentations du Démiurge, délivrez-nous, Seigneur.
De la tyrannie du Prince de ce monde, libérez-nous, Seigneur.
De l'esprit de fornication, délivrez-nous, Seigneur.
De la foudre et de la tempête, délivrez-nous, Seigneur.
Du fléau des séismes, délivrez-nous, Seigneur.
De la famine, de la maladie et de la guerre, libérez-nous, Seigneur.

De l'errance dans l'autre monde, libérez-nous, Seigneur.
Du Chemin des Ténèbres, délivrez-nous, Seigneur.
Du monde de la perdition, délivrez-nous, Seigneur.
Du Puits de l'Abîme, délivrez-nous, Seigneur.
De L'Ombre de la Mort, délivrez-nous, Seigneur.
Des Portes de la Mort, délivrez-nous, Seigneur.
De la Vallée de l'Oubli, délivrez-nous, Seigneur.
De la Vallée de la Mort, délivrez-nous, Seigneur.
De la Mort éternelle, protégez-nous, Seigneur.
Des Âmes damnées, protégez-nous, Seigneur.
Des Esprits tentateurs, protégez-nous, Seigneur.
Des Démons accusateurs, protégez-nous, Seigneur.
Des Furies semeuses de Maux, protégez-nous, Seigneur.
Des Puissances de l'Air, protégez-nous, Seigneur.
Des Esprits des Ténèbres et des Faux Dieux, protégez-nous, Seigneur.

Qu'à tous les fidèles défunts,
vous daigniez accorder la Lumière éternelle,
nous vous en supplions, Seigneur.
Que vous daigniez protéger et inspirer la Sainte Église,
nous vous en supplions, Seigneur.
Verbe éternel et incréé,
nous vous en supplions,
écoutez-nous, Seigneur.
Lumière éternelle et pure,
nous vous en supplions,
instruisez-nous, Seigneur.
Agneau de Dieu qui effacez les péchés du Monde,
nous vous en supplions,
pardonnez-nous, Seigneur.
Christ, écoutez-nous !
Christ, exaucez-nous !
Christ, ayez pitié de nous ! »

Je vous salue Marie
« Je vous salue, Marie, pleine de Grâce.
Le Seigneur est avec vous,
vous êtes bénie entre toutes les femmes
et Jésus le fruit de vos entrailles est béni.
Sainte Marie, mère de Dieu, priez pour nous
pauvres pécheurs, maintenant et à l'heure de notre mort.
Ainsi soit-il. »

Notre père :

« Notre père qui es aux cieux, que ton nom soit sanctifié ; que ton règne advienne, que ta volonté soit faite sur la Terre comme au ciel ; donnez-nous aujourd'hui notre pain de chaque jour ; pardonnez-nous nos offenses, comme nous pardonnons à ceux qui nous ont offensés ; et ne nous laissez pas succomber à la tentation, mais délivrez-nous du mal.

Ainsi soit-il. »

Rituel 18 – Fabrication de l'huile sainte

L'huile sera de préférence de l'huile d'olive vierge dans laquelle on aura fait macérer durant 7 jours quelques grains d'encens. Les lecteurs qui vivent dans des régions où l'huile d'olive est inutilisée, pourront se servir de l'huile locale. Certains praticiens bourguignons préfèrent par exemple souvent l'huile de noix à l'huile d'olive.

À défaut d'huile d'olive, et faute d'avoir le temps de faire macérer l'encens, vous pouvez accomplir si nécessaire ce rituel sur de l'huile ordinaire.

Évidemment, l'huile d'olive parfumée par la macération d'encens est plus conforme à la tradition mais, dans les pays où la magie est restée bien vivante, la plupart des opérateurs ne s'embarrassent pas de complications : les cierges sont des bougies achetées chez l'épicier du coin, l'eau est puisée à la fontaine, l'huile est de l'huile à salade ordinaire ; et tout cela n'empêche nullement leurs opérations de réussir.

« Ma puissance est dans le nom du Seigneur qui créa les Cieux et la Terre. Seigneur, exaucez ma prière et que mon cri monte jusqu'à vous. Que le Seigneur soit avec nous et avec notre esprit. Amen †††. »

Le premier signe de croix se trace sur le front de l'opérateur avec le pouce, le deuxième sur la bouche, le troisième sur le cœur.

« Dieu éternel et sage, créateur et conservateur de toutes choses, nous te prions, ô toi qui détiens toute vertu et toute puissance, nous te supplions et nous t'implorons, afin que ton fils, notre Seigneur Jésus-Christ, daigne répandre sur cette huile sa sainte bénédiction.

Qu'il nous accorde donc que tout objet ou personne qui sera oint d'huile soit délivré de tout mal physique, moral ou spirituel afin que soit fait échec à la puissance de l'ennemi. Qu'elle soit propre à expulser de tes créatures tout esprit impur, toute intelligence mauvaise, à accorder la grâce et la rémission des péchés.

Et que tout ce que nous oindrons de cette huile sur la terre soit également oint dans les Cieux pour les siècles des siècles.

Nous vous en supplions, Seigneur Dieu tout-puissant, par notre Seigneur Jésus-Christ, lequel viendra au dernier jour juger les vivants et les morts par le feu.

Que par lui, te soit rendue Gloire et honneur en tous les siècles des siècles. Amen †††. »

On trace trois signes de croix avec le pouce sur le flacon d'huile.

Crédits iconographiques

Chapitre I

Planche 1
Fig 1 et 2 : infographies de l'auteur
En bas (non numéroté : Galdric l'Héritier)
Planche 2 : infographie de l'auteur
Planche 3 *Ibid.*
Planche 4 *Ibid.*
Planche 5 *Ibid.*
Planche 6 *Ibid.*
Planche 7 *Ibid.*
Planche 8 *Ibid.*
Planche 9 *Ibid.*
Planche 10 *Ibid.*
Planche 11 *Ibid.*
Planche 12 *Ibid.*

Chapitre II

Planche 13
Fig 1 : *Ibid.*
Fig 2 : Galdric l'Héritier
Planche 14 : infographie de l'auteur
Planche 15 *Ibid.*
Img 1, page 47 : *Ibid.*
Planche 16 *Ibid.*
Planche 17 *Ibid.*
Planche 18 infographies et tracés au calame de l'auteur.
Planche 19 *Ibid.*
Planche 20 *Ibid.*
Papus, *Traité méthodique de magie pratique*, Éditions Dangles :
Figure 1 page 284 et figure LI page 286

Chapitre III

Planche 21 : infographie de l'auteur.
Planche 22 *Ibid.*
Planche 23 *Ibid.*
Planche 24 *Ibid.*
Planche 25 *Ibid.* sauf la bande en haut avec les personnages : Galdric l'Héritier

Chapitre IV

Planche 26 *Ibid.*
Planche 27 *Ibid.*

Sacramentaire

Planche 28 *Ibid.*
Planche 29 *Ibid.* sauf la main : Galdric l'Héritier
Img 2 page 136 : infographie de l'auteur

Table des matières

sepec numérique
Impression & brochage - France
Numéro d'impression : N04875220215 - Achevé d'imprimer : mai 2022
Dépôt légal : juin 2022
IMPRIM'VERT®
PEFC 10-31-3532 / Certifié PEFC / Ce produit est issu de forêts gérées durablement et de sources contrôlées. / pefc-france.org